Linda Lehrhaupt
Petra Meibert

MBSR

El programa de la reducción del estrés basado en el mindfulness para mejorar la salud y la vitalidad

Traducción del inglés de Fernando Mora

editorial Kairós

Título original: MINDFULNES-BASED STRESS REDUCTION, by Linda Lehrhaupt and
          Petra Meibert

© 2017 Linda Lehrhaupt and Petra Meibert

© de la edición en castellano:
  2018 by Editorial Kairós, S.A.
  Numancia 117-121, 08029 Barcelona, España
  www.editorialkairos.com

© de la traducción: Fernando Mora
Revisión: Amelia Padilla

Fotocomposición: Grafime. Mallorca, 1. 08014 Barcelona
Diseño cubierta: Katrien Van Steen
Impresión y encuadernación: Romanyà-Valls. Verdaguer, 1. 08786 Capellades

Primera edición: Marzo 2018
ISBN: 978-84-9988-623-7
Depósito legal: B 62-2018

Este libro ha sido impreso con papel certificado FSC, proviene de fuentes
respetuosas con la sociedad y el medio ambiente y cuenta con los
requisitos necesarios para ser considerado un «libro amigo de los bosques»

Sumario

Introducción

Si has abierto este libro, entonces es posible que experimentes lo que se ha convertido en algo muy común en nuestra época y nuestra sociedad: el estrés. Tal vez te sientas abrumado y esperes que la reducción del estrés basado en el *mindfulness* te muestre la manera de evitar lo que parece una avalancha emocional. Quizá te muevas a lo largo de tu jornada como si llevases puesta constantemente la quinta marcha, sin poder detenerte o ni siquiera cambiar de velocidad. También es posible que te ocurra exactamente lo contrario y que algo te haya obligado a tirar del freno de mano y tu vida se haya parado en seco. Podría tratarse del diagnóstico de una enfermedad grave o de la pérdida de tu trabajo o de tu casa. Tal vez se trate de problemas de relación, de un trabajo difícil o del esfuerzo que conlleva cuidar a un ser querido.

Situaciones como estas son algunas de las diferentes razones por las cuales las personas se inscriben en un curso de reducción del estrés basado en el mindfulness (MBSR). En todas estas circunstancias, experimentamos el estrés de acontecimientos que nos cogen desprevenidos y perturban nuestra vida, de manera que ya nada vuelve a ser como antes. Impulsados por un sentido de urgencia, buscamos soluciones o nos agobiamos y renunciamos a ejercer algún esfuerzo, hundiéndonos en la complacencia o la parálisis. Nuestra salud puede verse afectada: nuestra presión arterial puede elevarse, podemos abusar del alcohol, de la comida o experimentar un malestar inexplicable.

Muchas personas que se inscriben en un curso de MBSR afirman que han llegado a un punto en el que ya no pueden seguir el camino que llevaban antes. Sienten la necesidad de parar y de cambiar de dirección. Otras personas afirman que han perdido el contacto consigo mismas y añoran reconectar. Pueden no estar seguras sobre qué hacer o cómo hacerlo, pero una cosa es evidente: la vida no puede continuar siendo como es.

En el curso de MBSR, se invita a los participantes a conectar profundamente con su propia vida. Practicar el mindfulness significa estar presentes, despiertos y conscientes. Significa estar en contacto con el flujo de la vida en cada momento, de un modo imparcial que refleje bondad hacia nosotros mismos y hacia el mundo en general. En lugar de permitirnos evitar o negar las situaciones difíciles, el mindfulness contribuye a que podamos estar presentes en cada situación, tal como se desarrolle.

Este libro es una introducción al MBSR que contiene tanto información general como diferentes ejercicios cuyos objetivos son los siguientes:

- Explicar los principales elementos del curso MBSR de ocho semanas, que normalmente se lleva a cabo en encuentros de dos horas y media a tres una vez por semana.
- Proporcionar instrucciones para practicar algunos de los ejercicios del curso MBSR.
- Describir algunas de las teorías básicas sobre el estrés y demostrar cómo el mindfulness puede ayudarnos a llevar una vida más equilibrada y centrada.
- Presentar el mindfulness como una forma de vida.

¿Podemos aprender el MBSR en un libro? La respuesta es sí, y no. Practicar el mindfulness –la esencia del MBSR– por cuenta propia es posible y, de hecho, muchas personas han comenzado su formación gracias a la lectura de libros, pero un libro no sustituye la asistencia a las clases de MBSR. La práctica en grupo y el hecho de recibir orientación de un instructor cualificado poseen un enorme valor. Las clases sirven de inspiración y motivación y amplían nuestra visión a través de la interacción con los demás. El instructor de MBSR y el grupo nos ayudan a explorar nuestra experiencia de los ejercicios y nos llevan a un nivel más profundo de comprensión. Así pues, aunque un libro sea un buen punto de partida, te animamos a buscar oportunidades de aprender el MBSR en el entorno de un curso.

Si estás pensando en inscribirte en un curso de MBSR, nuestro libro puede proporcionarte una cierta percepción de cómo podría ser. En él analizaremos las actitudes que te ayudarán a practicar el mindfulness y cómo mantener esas actitudes con una regularidad diaria.

Si ya participas en un curso de MBSR, o si lo has hecho en el pasado, nuestro libro está concebido para ayudarte a explorar más a fondo los temas presentados en las clases. Se complementa perfectamente con el manual y las prácticas para casa asignadas durante el curso.

Si no te es posible participar en un curso, nuestro libro sigue siendo útil a la hora de explorar cómo el mindfulness puede apoyarte para tratar de vivir de una manera que encarne la conexión y la presencia y para alcanzar una sensación de integración en tu vida cotidiana.

Empezar a practicar el mindfulness significa embarcarse en un viaje que no tiene fin. La presencia mental no es algo que «consigamos» y completemos de una vez por todas, sino que se trata de una práctica para vivir y de una práctica para toda la vida. Cuando adoptamos de corazón el mindfulness, este tiene el potencial de enriquecer nuestra vida de muchas maneras.

Una sabia declaración procedente de la antigua tradición china del taoísmo dice así: «El sendero no es el camino, el camino es el sendero». El mindfulness nos informa con atención, ternura y genuina curiosidad sobre el modo en que vivimos. Es auténtica energía sin fuerza, verdadera compasión carente de sentimentalismos. De una manera suave pero firme nos señala que ya sabemos cuál es la verdad, es decir, ¡que el único momento es ahora! El mindfulness nos ayuda a reconocer el regalo de estar presentes en una vida, llena de riquezas, en la que se despliegan múltiples posibilidades.

La vida no tiene que amoldarse a nuestro camino. Cuando sabemos que nuestra vida es el camino, podemos encontrar la paz y la auténtica satisfacción que no dependen de un conjunto de circunstancias.

LINDA LEHRHAUPT

PRIMERA PARTE

Empezar con el MBSR
Conceptos generales

1. ¿Qué es el MBSR y quién puede beneficiarse de él?

La reducción del estrés basado en el mindfulness (MBSR) se enseña con el formato de un curso de ocho semanas de duración, distribuidas generalmente en sesiones de dos horas y media a tres, con un día completo de práctica silenciosa entre el sexto y el séptimo encuentro. Fue el doctor Jon Kabat-Zinn quien desarrolló el MBSR en el Centro Médico de la Universidad de Massachusetts, en Worcester. Inspirado por su propia experiencia con la meditación Zen y el *vipassana*, así como con el yoga, Kabat-Zinn impartió el primer curso de MBSR en el año 1979. Por aquel entonces, el MBSR formaba parte del incipiente campo conocido hoy como medicina mente-cuerpo o integrativa.

En esencia, el MBSR es un entrenamiento intensivo en el mindfulness, que Kabat-Zinn define como «la consciencia que surge al prestar atención deliberada al momento presente sin juzgar».[1] Aunque el entrenamiento y el estudio más sistemático del mindfulness son los que se dan en la tradición budista –en especial en el *vipassana*–, el mindfulness también aparece en otras tradiciones contemplativas. Desde la década de 1970, se ha integrado en la atención sanitaria, la educación y otros campos en Occidente, siendo considerado un entrenamiento laico y no confesional, accesible a cualquier persona con independencia de sus creencias. Como señala Kabat-Zinn, el mindfulness...

... es un modo de ver profundamente dentro de nosotros mismos con un espíritu de investigación y comprensión. Por esta razón, puede ser aprendido y practicado, tal como se hace en los programas basados en el mindfulness en todo el mundo, sin apelar a la cultura asiática budista o autoridad alguna para tratar de enriquecerlo o validarlo. El mindfulness es, por derecho propio, un poderoso vehículo para la comprensión y la sanación de uno mismo. De hecho, uno de los principales puntos fuertes del MBSR y de todos los demás programas especializados basados en el mindfulness, como la terapia cognitiva (MBCT), por ejemplo, es que no dependen de ninguna ideología o sistema de creencias.[2]

Poco después de que Kabat-Zinn comenzase a enseñar el MBSR, se inauguró la Clínica de Reducción del Estrés, en el Centro Médico de la Universidad de Massachusetts, con el MBSR como su programa insignia. Durante la fase de prueba de un año de duración, la clínica celebró cursos de reducción del estrés con un máximo de 30 participantes en cada clase, muchos de ellos pacientes aquejados de dolor crónico. Los cursos demostraron su eficacia, puesto que los participantes aprendieron a gestionar mejor su dolor. No solo contribuyó a mitigar su sufrimiento personal, sino que, en algunos casos, se redujo la intensidad del nivel de dolor que experimentaban.

Desde el principio, Kabat-Zinn y sus colaboradores llevaron a cabo diferentes estudios de investigación.[3] En este sentido, el MBSR ha demostrado ser útil para reducir los síntomas y mejorar la calidad de vida de las personas que experimentan una amplia gama de situaciones.

El MBSR fue el primer ejemplo de lo que se conoce en la actualidad como intervenciones o enfoques basados en el mindfulness. Los programas cuyos formatos (incluyendo la duración del curso y el énfasis en la práctica en casa) están modelados de acuerdo con el MBSR incluyen, entre otros, la terapia cognitiva basada en el mindfulness (MBCT), la alimentación consciente basada en el mindfulness (MB-EAT), la prevención de recaídas basada en el mindfulness (MBRP) y la atención oncológica basada en el mindfulness. La principal diferencia entre el MBSR y estos programas más especializados es que estos últimos suelen estar dirigidos a personas con una condición específica como, por ejemplo, el dolor crónico, múltiples recaídas en la depresión, abuso de sustancias, cáncer, etcétera. Por su parte, los cursos de MBSR se dirigen a participantes que, si bien padecen una amplia variedad de situaciones, no son clasificados según su diagnóstico o situación.

El MBSR es impartido en todo el mundo por una amplia gama de profesionales, como médicos, psicólogos, psicoterapeutas, trabajadores sociales, maestros de escuela, entrenadores, fisioterapeutas, enfermeras, terapeutas ocupacionales, sacerdotes, profesores de yoga, y muchas más personas, en diferentes entornos e instituciones, incluidos hospitales, clínicas psiquiátricas, universidades, consultas privadas, escuelas, residencias, instituciones de educación para adultos, corporaciones, prisiones, centros de asesoramiento, facultades de medicina, fuerzas armadas, y muchos otros contextos.[4]

El MBSR es adecuado para personas que quieren aprender a afrontar el estrés, utilizando sus propios recursos, para mejorar su calidad de vida. Un factor clave del curso consiste en comprender que es posible cambiar la forma en que percibimos los sucesos o situaciones de nuestra vida. En el curso MBSR, los participantes aprenden que practicar mindfulness les ayuda a aliviar sus síntomas a través de la creación de un contexto más amplio en el que ubicar su situación. En lugar de centrarnos en nuestra propia situación, aprendemos a observar la forma en que nos relacionamos con ella en los planos emocional, intelectual y conductual. En los casos relacionados con el dolor, por ejemplo, algunos clientes de nuestras clases advierten que el dolor emocional (sentimientos de ira, culpa, resignación o impotencia) que experimentaban antes del curso ha dejado de dominar sus experiencias de vigilia. Su participación en el curso les lleva a practicar la consciencia de que los pensamientos son pensamientos y no hechos, lo cual les permite crear una cierta distancia sin dejarse arrastrar por ellos. La práctica formal de los ejercicios de MBSR –y, en particular, el escáner corporal– permite que los pacientes aquejados por el dolor empiecen a cambiar su relación con este desde la perspectiva de «Yo soy mi dolor» a «Mi cuerpo experimenta dolor, pero no es la totalidad de lo que soy». En consecuencia, aunque todavía puedan experimentar dolor físico, este no limita sus opciones de vida, ni domina sus pensamientos tanto como lo hacía antes.

Al resumir la relación entre los estudios científicos y la manera en que nos percibimos a nosotros mismos, Kabat-Zinn apunta a la cualidad de la mejora de la salud, que puede promover la consciencia de los pensamientos y las emociones:

Si podemos percatarnos, *en nuestra propia experiencia personal* y, también, a partir de las pruebas procedentes de los estudios científicos, de que determinadas actitudes y formas de vernos a nosotros mismos y de ver a los demás mejoran nuestra salud, de que la confianza afiliativa y de que percibirnos a nosotros mismos y a los demás como seres básicamente bondadosos poseen intrínsecamente poderes de sanación, al igual que lo hacen la contemplación de las crisis e incluso de las amenazas como meros retos y oportunidades, podremos entonces trabajar con la atención plena para desarrollar con consciencia esas cualidades en nosotros mismos en cada momento y día a día. Así se convierten en nuevas opciones que podemos cultivar y en nuevas formas de ver el mundo y estar en él.[5]

¿Quién puede beneficiarse de un curso de MBSR?

Las personas se inscriben en los cursos de MBSR por motivos muy distintos. Reseñamos ahora algunas de las declaraciones más comunes de los participantes en nuestros cursos:

- «Cuando me siento estresado, tiendo a estar dominado por pensamientos negativos que influyen en mi estado de ánimo, hasta el punto de que ya no soy capaz de ser productivo. Quiero aprender a abordar los desafíos de un modo más sosegado y tranquilo».
- «Me gustaría desarrollar una mejor relación con mi cuerpo».
- «Quiero aprender a sobrellevar el estrés con un enfoque diferente al que he utilizado hasta ahora, es decir, sintiéndome impotente y bloqueado y culpar a los demás».
- «Tomo medicación a causa de mi enfermedad y hago lo que el médico me ordena, pero quiero cuidar de toda mi persona y no solo de las partes que no funcionan».
- «Deseo obtener una mejor percepción de cuáles son mis límites y permanecer en sintonía conmigo mismo. Aun cuando me resulte difícil emocionalmente, me gustaría ser más consciente de mí mismo».
- «Antes de que el estrés se apodere de mí, quiero ser consciente de ello y disponer de herramientas para trabajar con él».
- «Me gustaría aprender a relajarme, incluso cuando esté en situaciones de estrés».
- «Lo que me atrae del MBSR es la posibilidad de aprender a dedicar tiempo para mí cada día y apreciarme a mí mismo de nuevo».
- «Estoy buscando algo que compense mi frenética vida laboral y quiero aprender a relajarme».

- «Deseo encontrar un mejor modo de gestionar las emergencias menores de la vida cotidiana».
- «Me hallo muy limitado por el dolor crónico, hasta el punto de que es la única cosa en la que pienso. Quisiera encontrar una mejor manera de gestionar el dolor».
- «Hasta hace poco no he tenido problemas con el estrés; de hecho, es casi como si lo necesitase para sentirme bien. Pero ahora esto no parece funcionar y no sé qué me ocurre. Me parece que estoy cada vez más inquieto y nervioso, y mi familia dice que últimamente me hallo muy irritable».
- «Trabajo unas diez horas diarias y me gusta, pero me resulta difícil relajarme por la noche. Estoy sumido en una actividad constante y tengo la sensación de que no es bueno a largo plazo. Desearía encontrar una mejor manera de desconectar».

Aliviar los síntomas de la enfermedad y el estrés es un aspecto importante del curso MBSR y, para muchos, una comprensible motivación para participar en él. Sin embargo, practicar el mindfulness e integrarlo en nuestra vida cotidiana va mucho más allá de la reducción de los síntomas de una determinada enfermedad. El mindfulness es mucho más que una técnica para solucionar problemas, ya que conlleva, con independencia de cuál sea nuestra condición, un cambio fundamental de actitud hacia nosotros mismos, que nos ayuda a aprovechar nuestros recursos y capacidades internas y nos brinda la oportunidad de acceder al potencial de sanación que todos poseemos. Esto, a su vez, crea la base para que se produzca una orientación interna hacia un modo de vida más saludable. En este sentido, el mindfulness es tanto una *actitud fundamental como un modo de vivir*.

Desarrollar una actitud amable y compasiva hacia nosotros mismos es un factor clave en el potencial sanador de la mente. Pero, cuando decimos *sanación*, no nos referimos a curar una enfermedad o deshacernos de los síntomas debilitantes. En el presente contexto, la sanación está más relacionada con la vivencia de la plenitud, y es *posible* experimentar una sensación de plenitud, incluso en medio de una grave enfermedad.

Karin, una participante del curso de MBSR que padecía esclerosis múltiple (EM), nos habla de ello. Ella asiste regularmente a las jornadas de seguimiento para antiguos alumnos de MBSR y expresa del siguiente modo el valor que en su vida tiene la práctica del mindfulness: «Cada vez es más evidente lo que el curso MBSR ha hecho por mí desde el punto de vista del modo en que me relaciono con mi enfermedad. Al principio del viaje del mindfulness, me veía como alguien que "padecía" esclerosis múltiple, pero, gracias a la formación, ahora digo que "convivo con la esclerosis múltiple". Quizá esta nueva actitud, y la posibilidad de experimentar la diferencia, sean el propósito de la práctica del mindfulness; aunque, en mi opinión, también se trata de la posibilidad de sufrir y vivir, ambos al mismo tiempo».

Un estudio realizado en el Hospital Universitario de Basilea, en Suiza, apoya la experiencia personal de Karin en cuanto a los beneficios que aporta el MBSR. El estudio demuestra que los pacientes aquejados de esclerosis múltiple que han participado en un curso de MBSR no solo experimentan más vitalidad y mejor calidad de vida, sino que padecen depresión con menos frecuencia.[6]

¿Para qué situaciones sirve de ayuda el MBSR?

Además del papel de prevención y apoyo del MBSR para ayudarnos a afrontar el estrés diario –tanto en el entorno laboral como en casa–, diferentes estudios científicos han puesto de manifiesto que puede ser útil para aliviar la sintomatología y la angustia psicológica de una serie de situaciones, entre las que se incluyen:

- Dolor crónico
- Enfermedades cardiovasculares (por ejemplo, presión arterial alta)
- Trastornos del sueño
- Depresión y ansiedad
- Fibromialgia
- Psoriasis
- Enfermedades crónicas (por ejemplo, diabetes, esclerosis múltiple)
- Cáncer
- Estrés común y *burnout*

Durante los últimos años, se ha producido una proliferación de estudios científicos en torno al MBSR y el entrenamiento en la meditación mindfulness. En su investigación pionera, llevada a cabo en la Universidad de Wisconsin, el doctor Richard Davidson documentó que el entrenamiento en la meditación mindfulness puede estimular la neuroplasticidad, o lo que él define como «la capacidad del cerebro para cambiar su estructura y funciones de manera significativa». Y añade:

> Este cambio puede derivarse de nuestra respuesta tanto a la experiencia como a los pensamientos que albergamos... El hecho asombroso es que, a través de la actividad mental, podemos cambiar deliberadamente nuestro propio cerebro. La actividad mental, que va desde la meditación a la terapia cognitiva conductual, altera las funciones cerebrales en determinados circuitos, con el resultado de que desarrollamos una mayor consciencia de las señales sociales, una sensibilidad más profunda a nuestros propios sentimientos y sensaciones corporales y una perspectiva más positiva.[7]

En el año 1999, el doctor Davidson y su equipo efectuaron un importante estudio sobre el MBSR. Los participantes tomaron parte en el curso MBSR de ocho semanas de duración. El grupo de control no formó parte del curso (pero se le ofreció el mismo curso cuando concluyó la investigación). Los resultados del estudio mostraron una reducción de los síntomas de la ansiedad en torno al 12 % (en contraposición a un leve incremento en el grupo de control). Según el doctor Davidson, los participantes en el curso MBSR mostraron que, después de cuatro meses, se había triplicado el nivel de activación del lado izquierdo de la corteza prefrontal. Esto es importante porque refleja «el hecho de que la gente que practica esta modalidad de entrenamiento mental aprende a redirigir sus pensamientos y sentimientos… reduciendo la actividad de las emociones negativas en la corteza prefrontal derecha e incrementando la resiliencia y el bienestar en el hemisferio izquierdo».[8]

Todos los participantes en el estudio, incluyendo el grupo de control, también recibieron la vacuna contra la gripe, y los estudiantes de MBSR mostraron que su producción de anticuerpos en respuesta a la vacuna fue un 5 % mayor que la del grupo de control. Según Davidson, esto contribuye a confirmar que la actividad cerebral influye en el sistema inmunológico.[9]

En el año 2013, en la edición revisada de su libro *Vivir con plenitud las crisis*, Jon Kabat-Zinn resumió otros estudios que se consideran significativos para documentar los efectos del MBSR,[10] entre los cuales se incluyen los siguientes:

- Un estudio realizado en el Hospital General de Massachusetts y en la Universidad de Harvard mostró, después del curso de ocho semanas, un incremento de la densidad de la materia gris en determinadas áreas cerebrales. Estas áreas, según Kabat-Zinn, «están asociadas con el aprendizaje y la memoria, la regulación emocional, la autoestima y la toma de perspectiva».

- Un estudio de la Universidad de Toronto mostró un incremento en la actividad neurológica en una región del cerebro asociada con la experiencia del momento presente. Al mismo tiempo, también se registró una disminución en el área cerebral conocida como la «red narrativa». Según Kabat-Zinn, «Estos descubrimientos parecen implicar que, aprendiendo a habitar de manera encarnada en el momento presente, las personas no solo aprenden a sustraerse al drama de su yo narrativo o a perderse, dicho en otras palabras, en el pensamiento o la mente errante, y que, cuando tal cosa ocurre, pueden darse cuenta de ello y dirigir nuevamente su atención a lo que es más sobresaliente e importante en el momento presente».

- Un estudio de la UCLA y la Universidad Carnegie Mellon mostró que la soledad se redujo en un grupo de participantes ancianos de edad comprendida entre los 55 y los 85 años, que participaron en el curso de MBSR. Esto es importante porque la soledad es uno de los estados emocionales implicados en un mayor riesgo para la salud.

El MBSR ha demostrado ser útil para mejorar la calidad de vida y reducir los síntomas de las personas en todas las franjas de edad y en una amplia gama de situaciones. Uno de los numerosos ejemplos del modo en que el MBSR puede ayudar a un segmento particular de la población es la mejora en la calidad de vida de los ancianos, incluso de aquellos que padecen demencia, así como de sus cuidadores. Lucia McBee, quien ha dirigido, durante más de siete años, grupos de MBSR con ancianos en residencias para la tercera edad en los Estados Unidos, nos dice que, tras el curso de MBSR, los participantes experimentaron, entre otras cosas, alivio del dolor, bienestar general y, en los pacientes aquejados de demencia, reducción de la agitación.[11]

Participar en un curso de MBSR también ayudó a los cuidadores a afrontar mejor la doble carga de ganarse la vida y de cuidar a alguien que requiere atención. Lo mismo es cierto para las enfermeras y otros miembros del personal en hospitales psiquiátricos, hogares de ancianos y clínicas de cuidados intensivos. Uno de los modos en que el MBSR resulta útil para las personas relacionadas con el estrés ocupacional en general consiste en enseñarnos el modo de permanecer más en contacto con nosotros mismos y de reconocer y respetar nuestros propios límites.

¿Cuándo no es aconsejable participar en un curso MBSR?

En algunas situaciones o circunstancias, la participación en un curso no suele ser recomendable como, por ejemplo, cuando la persona es activamente adicta a algún tipo de sustancia o se halla en un estado de depresión aguda. (No obstante, cuando los participantes se hallan en una fase no depresiva estable, o se han visto libres de sustancias durante un periodo significativo, el MBSR puede ser adecuado para ellos). Participar en el curso de MBSR presentado en este libro también está contraindicado en las personas con trastornos psiquiátricos graves, como esquizofrenia y psicosis. Aunque se han llevado a cabo ensayos clínicos de mindfulness con pacientes aquejados de trastornos psiquiátricos profundos, sin embargo, esto queda fuera del alcance de nuestro libro.

Los pacientes con cáncer que reciben quimioterapia, y otros que padecen graves síntomas físicos, pueden encontrar que, durante su fase de tratamiento, el curso MBSR es demasiado exigente físicamente para ellos. Es recomendable, pues, que estas personas esperen hasta que su condición sea lo suficientemente estable como para permitirles asistir a clase cada semana y completar en casa las tareas semanales del curso.

Del mismo modo, si hemos experimentado recientemente un profundo suceso vital, como la muerte de un ser querido o un diagnóstico terminal, puede ser aconsejable, en primer lugar, recabar apoyo en un centro de asesoramiento de parte de un psicoterapeuta o un grupo de apoyo. Una vez que se alcance un cierto grado de estabilidad emocional, el curso MBSR será un maravilloso apoyo para nuestra situación. El MBSR también es muy útil como complemento de la psicoterapia.

Nuestro consejo es que contactes con un instructor de MBSR y le comentes cuál es tu situación personal. Él o ella estará muy feliz de ayudarte a decidir si el curso de MBSR es una elección apropiada para ti y también te ayudará a reflexionar sobre tus intenciones y motivaciones.

La intención de participar tan plenamente como sea posible en el programa y de comprometerse a llevar un estilo de vida sano y bien equilibrado es el aspecto más importante de la participación en un curso de MBSR. Si no estamos convencidos personalmente del posible valor de una determinada línea de acción, los intentos de persuasión o los consejos bienintencionados de otras personas –incluidos nuestros seres queridos, amigos o incluso nuestro médico– no nos proporcionarán la motivación necesaria para seguir el programa del curso.

¿Cuál es la diferencia entre la práctica del mindfulness y los métodos de relajación?

Aunque esto no es algo que ocurra siempre, algunos participantes experimentan una sensación de relajación al practicar el mindfulness del cuerpo o de las sensaciones, o al efectuar otras actividades del curso de MBSR. No obstante, llevar el mindfulness a todos los ámbitos de nuestra vida –incluyendo los más problemáticos– también puede suponer que, de entrada, nos tornemos más conscientes, de lo que éramos antes, de la insatisfacción, el estrés o el dolor, sencillamente porque ahora dirigimos nuestra atención a estas áreas. Eso también explica por qué, durante las primeras etapas del curso de MBSR, los participantes a menudo nos informan de que son más conscientes de la inquietud que hay en su mente y de la gran frecuencia con la que sus pensamientos derivan hacia el pasado o el futuro. Algunos afirman que son más conscientes del dolor en su cuerpo o de los pensamientos perturbadores. Pero, de hecho, el mindfulness no genera más pensamientos perturbadores o sensaciones dolorosas, sino que simplemente nos hace ser más conscientes y sensibles a estos aspectos, haciéndonos advertir algo a lo que antes no prestábamos atención o que había sido relegado a un segundo plano.

Un ejercicio breve como el siguiente sobre la consciencia del cuerpo y la respiración nos ayudará a ilustrar la diferencia que existe entre el mindfulness y los ejercicios de relajación.

Ejercicio: Consciencia del cuerpo y la respiración

Siéntate, dondequiera que te encuentres en este momento, en una posición cómoda y tan erguida como puedas. A continuación, dirige la atención a tu cuerpo. Tómate algún tiempo para sentir en tu cuerpo las sensaciones que puedan estar presentes. Si hay alguna sensación, tan solo percíbela sin tratar de cambiarla. Si hay alguna tensión en el cuerpo, entonces, tan solo déjala ser tal como es en este momento.

Volviendo tu atención a la respiración, acompaña su flujo lo mejor que puedas:

- Siente la respiración en el cuerpo.
- Sé consciente de la inspiración y la espiración y, quizá, también de las pausas entre respiraciones.

A medida que lleves a cabo este ejercicio, puedes advertir que tu consciencia se dispersa y se distrae con ideas, emociones, imágenes u otros tipos de datos sensoriales. Simplemente observa cuando eso suceda, y entonces, de manera amable y clara, devuelve tu consciencia al comienzo de la siguiente ronda de inspiración y espiración. Continúa el ejercicio mientras te resulte cómodo.

Si esta práctica es nueva para ti, te sugerimos que, para empezar, pruebes a hacerla durante cinco minutos al día. También puedes practicar en diversos momentos a lo largo de la jornada durante periodos más breves, y hacerlo sentado, de pie o acostado.

Cuando practiquemos ejercicios como «la consciencia del cuerpo y la respiración», una cuestión que el instructor de MBSR puede plantear después es la siguiente: «¿Cuál ha sido tu experiencia?». Probablemente hayas notado, mientras realizabas el ejercicio, que tus pensamientos saltaban varias veces –quizá continuamente– a otros objetos o actividades. Esto es completamente normal y muestra, de hecho, lo poco que nuestra atención está anclada en el momento presente. Y esto es precisamente lo que debemos observar al comienzo de nuestra práctica, es decir, que *la mente suele estar inquieta*.

Si albergamos la intención de relajarnos, podemos constatar que, en lugar de ello, nos tensamos o nos centramos de manera forzada en la respiración, lo cual puede provocar dificultades para respirar u otros síntomas físicos relacionados con la tensión. Podemos entonces sentir que hemos fracasado en hacer el ejercicio correctamente, así como sentirnos decepcionados porque no hemos conseguido relajarnos.

Sin embargo, si planteamos esto como un ejercicio de mindfulness, la práctica consiste en advertir la respiración o cualquier otra cosa que pueda surgir, incluida nuestra intención de relajarnos o nuestro intento de controlar físicamente nuestra respiración. Si notamos que estamos tensos, permanecemos exactamente con lo que experimentamos (sensaciones, pensamientos, emociones) como mejor podamos, sin intentar cambiar nada. No estamos centrados en alcanzar un resultado determinado, sino en lo que ocurre en cada momento.

Aunque la práctica del mindfulness pueda generar una sensación de relajación, eso es diferente a fijarse el objetivo de alcanzar la relajación. Lo más interesante es que, al igual que sucede con cualquier cosa que surge simplemente como un acontecimiento más, la tensión suele dejar de ser un problema y, con el tiempo, pierde su efecto generador de estrés.

La práctica del mindfulness consiste en permitirnos sentir lo que se presenta en cada momento, una actitud que es tan saludable –y posiblemente relajante– para la mente como para el cuerpo.

2. ¿Qué es el mindfulness?

Dicho de la manera más sencilla, el mindfulness consiste en ser consciente, sin juzgar, de cada instante y se cultiva prestando intencionalmente atención a cosas en las que, por lo general, no se nos ocurre ni pensar. Su enfoque sistemático sirve para desarrollar en nuestra vida nuevos tipos de acción, control y sabiduría basados en nuestra capacidad interna para prestar atención y en la consciencia, visión profunda y compasión que emergen naturalmente cuando prestamos atención de un modo específico.[12]

JON KABAT-ZINN, *Vivir con plenitud las crisis*

Me gustaría llamar la atención del lector sobre algunos elementos clave de la anterior descripción efectuada por Jon Kabat-Zinn acerca de la mente. Nos referiremos a estos elementos de diferentes maneras a lo largo del libro, en especial en los ejercicios de mindfulness llevados a cabo en el MBSR.

- *El mindfulness se produce en el momento presente.* Rara vez nos situamos en el momento presente. Cuando nos perdemos en los recuerdos del pasado o en la anticipación del futuro, solemos quedarnos atrapados de un modo que secuestra nuestra atención, haciendo que nos sea más difícil permanecer en los momentos cotidianos de nuestra vida.

• *El mindfulness se entrena y fortalece.* La práctica del mindfulness es comparable a los ejercicios de fortalecimiento muscular. De la misma manera que, cuando no ejercitamos nuestros músculos, estos se debilitan o atrofian, nuestra capacidad para el mindfulness también se debilita o atrofia cuando no hacemos uso de ella. La esencia del MBSR consiste en el entrenamiento sistemático del músculo del mindfulness.

• *El mindfulness puede ser cultivado.* Cuando practicamos el mindfulness, cuidamos el jardín de nuestra vida, regándolo y ocupándonos de él. Todo sirve para alimentar este jardín, tanto las experiencias maravillosas de nuestra vida como las difíciles. Las experiencias difíciles en particular –o lo que un maestro de meditación denominaba «el abono de nuestra vida»– pueden aportar una rica fuente de alimento en el caso de que aprendamos a afrontarlas con consciencia.

• *El entrenamiento en el mindfulness nos permite fortalecer nuestra capacidad de consciencia carente de juicios.* Una de las primeras cosas que advertimos cuando practicamos mindfulness es el modo en que estamos atrapados en los juicios, ideas y opiniones acerca de las cosas y de nuestra vida en general. A medida que continuamos la práctica del mindfulness, comprobamos que es posible dejar a un lado los juicios (al menos provisionalmente) y experimentar los diferentes aspectos de nuestra vida de una manera menos filtrada y más libre de nuestra estrechez de miras. A su vez, esto da lugar a una comprensión mejor y más clara de que tenemos la posibilidad de elegir. Poder ejercer esa opción se convierte en un paso consciente hacia la acción hecha con atención, en lugar de un desvío a la ingenuidad, la resignación o el comportamiento impulsivo.

• *El mindfulness nos da acceso a nuestra propia sabiduría, visión profunda y compasión.* Si invertimos las sílabas de la palabra inglesa *insight* [visión profunda], se lee como *sight in*, que significa «ver dentro de nosotros mismos». El mindfulness desarrolla nuestra capacidad de mirar hacia dentro para acceder al fértil fundamento de sabiduría que sustenta nuestra vida.

Lo que no es la meditación mindfulness

• La meditación mindfulness no es un viaje de la imaginación que nos anime a abandonarnos a las fantasías.
• No es un ejercicio de relajación. Aunque es posible experimentar una sensación de relajación, tanto durante como después de la práctica, la relajación no es el objetivo.

- La meditación mindfulness no trata de escapar del mundo y de nuestra realidad cotidiana. En el MBSR practicamos exactamente lo contrario, es decir, ser conscientes del momento presente tal como es, incluso si nos resulta doloroso.
- No es una búsqueda de estados alternativos de consciencia, o que tenga que ver con el desarrollo de capacidades físicas o mentales que excedan lo ordinario.
- La meditación mindfulness no consiste en dejar vacía nuestra mente, aunque es un error común creer que su objetivo es quedarse con la mente en blanco.

El mundo entero en una pasa: la experiencia del mindfulness

Podemos hablar del mindfulness pero, en última instancia, la realidad del mindfulness no es sino la experiencia que tenemos de él. Por eso, nos gustaría darte la oportunidad de experimentar el mindfulness a través de un ejercicio de comida atenta. Es el mismo ejercicio en el que, desde la fundación del MBSR, en el año 1979, han participado decenas de miles de personas.

Puedes leer las instrucciones e intentar el ejercicio tú solo pero, si es posible, es útil tener a alguien que te las lea. Otra opción es realizar una grabación de audio del ejercicio. Con independencia de cuál sea la opción que elijas, no olvides que comer *realmente* no es lo mismo que leer acerca de ello.

Es una tradición en el MBSR utilizar pasas para este ejercicio. Si no te gustan las pasas, te animamos a que intentes, de cualquier modo, hacer el ejercicio con ellas. No es infrecuente, en una clase de MBSR, que gente que no ha comido pasas durante muchos años decida hacerlo para llevar a cabo el ejercicio. Más adelante, en este mismo capítulo, compartiremos lo que algunas personas han dicho acerca de sus experiencias.

Si eres alérgico a las pasas, puedes utilizar otro fruto seco.

Ejercicio 1 de comida atenta: Nuestros cinco sentidos

Te invitamos a colocar tres pasas delante de ti sobre una superficie limpia. Imagínate que nunca antes has vistos estos objetos (vamos a llamarlos así a partir de ahora) y que no sabes lo que son. Utilizarás cada uno de tus cinco sentidos (vista, oído, tacto, olfato y gusto) para investigarlos. Si uno de estos sentidos no te resulta accesible, imagina cómo podría ser si dispusieses de ese sentido.

Por favor, dedica unos momentos a hacer una pausa y a tomar nota de tu experiencia mientras avanzas a través de cada etapa –y sentido– del ejercicio. Aunque haremos algunas sugerencias, siéntete libre, por favor, para explorar por ti mismo lo que vaya surgiendo.

Sentido de la vista

Recoge un objeto y examínalo con cuidado. Imagina que se lo describes a alguien por teléfono. ¿Qué dirías sobre su superficie? ¿De qué color es? ¿Tiene más de un color?

¿Es brillante, mate o ambas cosas a la vez? ¿Hay líneas en su superficie? ¿Es ondulado, recto o ambas cosas a la vez?

¿Qué ocurre si sostienes el objeto a contraluz? ¿Puedes ver a través de él? ¿Hay algo en su interior? ¿Qué más has percibido?

Sentido del tacto

Frota el objeto entre tus dedos. ¿Cómo describirías su superficie? ¿Es rugoso o suave? ¿Húmedo, seco o pegajoso? ¿Está hinchado? ¿Es grueso o delgado? ¿Es elástico o frágil? ¿Qué más se te ocurre sobre el tacto que tiene?

Sentido del oído

¿Qué sonido produce el objeto? Te sugerimos que te lo acerques a la oreja y lo frotes entre los dedos. ¿Qué escuchas? ¿Es un sonido agudo o sordo, si es que produce alguno? ¿Es fuerte o tenue? ¿Puedes describir de otra manera el sonido que escuchas?

Desplaza el objeto hacia la otra oreja. ¿Qué escuchas ahora? ¿Es el mismo sonido o diferente? ¿Es más tenue o más fuerte?

Sentido del olfato

Sostén el objeto debajo de tu nariz. ¿Cómo describirías su aroma? ¿Es fuerte? ¿Acre? ¿Amargo? ¿Graso? ¿Dulce? ¿Rancio?

Presiona una fosa nasal para cerrarla y oler el objeto a través de la otra. A continuación, cambia de fosa nasal. ¿El olor varía dependiendo del lado? ¿Hay alguna diferencia en su intensidad? Acerca y aleja el objeto unas cuantas veces de las fosas nasales, simplemente oliéndolo.

Sentido del gusto

Lleva el objeto a tu boca y pásatelo por los labios, como si se tratase de un pintalabios. ¿Notas algo? ¿Hay alguna sensación en el interior o en el exterior de la boca? ¿Cómo la describirías?

Ahora sitúa el objeto en el interior de tu boca y, sin morderlo, utiliza la lengua para explorar su superficie. Intenta darle vueltas dentro de la boca, presionándolo contra tus encías. Prueba a colocarlo bajo la lengua. Continúa, en la medida de lo posible, cobrando consciencia de las sensaciones que se producen en el interior de tu boca mientras percibes o mueves el objeto dentro de ella. ¿El objeto permanece firme o se ablanda e incluso parece fundirse?

Ahora coloca el objeto entre tus muelas en un lado de la boca. Siente cómo descansa entre tus molares. ¿Eres consciente de tus intenciones e impulsos? ¿Tienes ganas de morderlo?

Cuando estés preparado, muérdelo y mastícalo tan despacio como te sea posible, suavemente, triturando el fruto entre tus dientes. Observa los sabores que se liberan. ¿Cómo los describirías? Sigue masticando despacio hasta que haya desaparecido cada trocito del objeto.

Prepárate para tragarlo, advirtiendo la intención en cuanto surja. Mientras lo tragas, observa si puedes detectar el movimiento en la parte posterior de la garganta y, a continuación, más abajo, tan lejos como puedas.

¿Han quedado restos del objeto en la boca? ¿Hay todavía un sabor presente, aunque no haya ningún objeto? Dedica un tiempo a permanecer con cualquiera de las sensaciones, pensamientos y emociones que puedan presentarse.

Ejercicio 2 de comida atenta:
Profundizar

Repite el ejercicio por ti solo, sin ningún tipo de orientación. Explora el segundo objeto de la misma manera que has hecho con el primero, utilizando cada uno de tus cinco sentidos: vista, tacto, oído, olfato y gusto. Tómate el tiempo que necesites y sé consciente de cualquier impulso o tendencia a acelerar, ralentizar o perderte en otros pensamientos mientras llevas a cabo el ejercicio de la comida atenta. Cuando enseñamos este ejercicio en la clase de MBSR, la gente avanza a su propio ritmo a través del ejercicio. Algunos ya hace rato que han terminado cuando otros están comenzando a masticar el objeto.

Ejercicio 3 de comida atenta:
Simplemente comer

Simplemente come el tercer objeto del modo habitual. Observa cómo lo sitúas en tu boca. ¿Lo introduces a toda velocidad en ella? ¿Lo masticas rápida o lentamente? ¿Eres consciente al masticarlo? Al igual que muchos de los participantes en nuestros cursos, quizá te descubras riendo entre dientes en este punto.

Un momento de reflexión

Te invitamos a que dediques unos momentos a reflexionar sobre estos objetos, que son, por supuesto, las pasas. Son uvas desecadas que, si bien pueden crecer en un medio silvestre, normalmente se cultivan en campos que pueden ser llanos o montañosos, ubicados en regiones en las que hace calor durante el verano. Se requiere una gran cantidad de sol para que maduren y todavía más para que se sequen. Imagina también la vid o las ramas pesadas con sus frutos en el momento de la cosecha.

Son innumerables las personas que han tenido contacto directo o indirecto con estas pasas. Alguien plantó las vides, regó los campos, los cosechó bien a máquina o a mano, cargó los frutos en contenedores y los preparó para ser transportados. Alguien los empaquetó y alguien colocó los paquetes en una estantería en el establecimiento donde los compraste.

Hay toda una red de personas y lugares conectados con estas tres pasas. Por favor, dedica algún tiempo a reflexionar sobre esta cuestión. Observa lo que surge cuando comprendes que toda la existencia y los seres vivos están conectados y relacionados entre sí.

Lo que nos dice el ejercicio de las pasas acerca de nuestra vida y de cómo nos relacionamos con ella

Estos son algunos de los comentarios más frecuentes que los participantes en nuestros cursos han efectuado sobre el ejercicio de la comida atenta. También nos gustaría mostrar cómo estos comentarios se refieren a algunos aspectos clave de la mente y el papel que desempeña en nuestra vida cotidiana.

No tenía la menor idea de que las pasas tuviesen este aspecto. Y cada una de ellas es completamente diferente.

Cada objeto es único en el mundo. Incluso cuando son fabricados en serie, los objetos presentan pequeñas diferencias. Apreciar la singularidad es un cambio importante en la consciencia. Cuando nos volvemos más atentos, celebramos la individualidad, en lugar de reducirlo todo a la uniformidad. Esto se aplica no solo a las pasas, sino también a todo cuanto nos rodea: personas, lugares y estrellas en el firmamento nocturno.

Pero ¿con qué frecuencia miramos algo y pensamos que ya lo hemos visto antes? ¿Con qué frecuencia tocamos algo y pensamos que sabemos cuál es su tacto?

Cuando vivimos bajo la presión de los plazos, las enfermedades, el dolor físico y en diferentes situaciones en las que nos sentimos estresados, la vida puede ser plana, apagada y repetitiva. La posibilidad de ver las cosas desde una perspectiva diferente disminuye drásticamente y perdemos el sentido de que la vida es muy variada. En lugar de aceptar su potencial de riqueza, nos molesta el cambio, buscamos la monotonía y añoramos la rutina.

Tomar la decisión consciente de ver profundamente y con ojos frescos, sin saber de manera exacta lo que vamos a encontrar, es un paso vital en la práctica del mindfulness, que a menudo recibe la denominación de «mente de principiante», una expresión acuñada por Shunryu Suzuki, un maestro Zen japonés y pionero, que enseñó en San Francisco desde 1959 hasta su muerte, acaecida en 1971. También podríamos llamar a esta actitud mirar con la frescura de un «bebé», porque la mente del mindfulness nos alienta a explorar, igual que un recién nacido, los nuevos objetos (y experiencias) con todos nuestros sentidos. La maestra budista Zen Darlene Cohen, que escribió con profunda compasión acerca de convivir con el dolor crónico, lo denomina «mente de mascota», refiriéndose a la forma en que los cachorros gozosamente exploran un objeto cuando les resulta novedoso.[13]

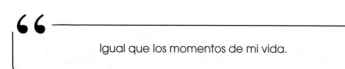

Igual que los momentos de mi vida.

Emily fue diagnosticada de cáncer de mama y sufrió una mastectomía radical. Después del tratamiento con radiación, fue capaz de volver a trabajar y retomar su vida. Transcurridos siete años, unos pequeños bultos en su pecho fueron los primeros signos de que el cáncer había reaparecido. Entonces, tras un ciclo de quimioterapia, decidió probar el MBSR. En su preentrevista para la clase de MBSR, ella dijo: «No sé cuánto tiempo me queda de vida… pero en una película he oído que alguien decía "No quiero limitarme a existir; también quiero vivir"». Emily se detuvo un momento y luego añadió con determinación: «¡Y eso es lo que yo quiero aprender también!».

Cuando los miembros de la clase compartieron sus experiencias con los demás después del ejercicio de las pasas, Emily se tomó su tiempo antes de empezar a hablar y, cuando lo hizo, su voz denotaba una gran alegría. «Siempre creí que sabía cuál era el sabor de las pasas, pero ahora sé que pueden tener muchos sabores distintos, igual que los mejores momentos de mi vida. ¡Qué maravilloso!».

La alegría de Emily ilustra cómo el mindfulness puede ayudarnos a celebrar la infinita variedad de la vida. Aun cuando afrontaba un diagnóstico complicado, Emily fue capaz de saborear lo que ella llamaba los «momentos preciosos de la vida».

> ❝
> Siempre pensé que no me gustaban las pasas.
> ❞

La palabra clave de este comentario es *pensamiento*. Cuando aplicamos una opinión formada en el pasado a algo situado en el presente, el pasado gobierna nuestra vida, controla todo lo que experimentamos y también lo que no hacemos, oscureciendo el presente con las sombras de las cosas que ya han ocurrido. Y, en ese caso, ya no estamos en el *ahora*, sino en el *entonces*.

En el ejercicio de la comida atenta, podemos decidir no probar las pasas porque no nos gustan. Quizá no nos gustasen en el pasado, pero ¿qué ocurre en el momento actual? ¿Realmente podemos, sin probarlas, saber si nos gustan o no ahora?

Las consecuencias de negarse a probar algo en el presente debido a que hemos tomado una decisión acerca de ello en el pasado pueden no constituir un gran problema en cuanto a las pasas se refiere. Pero ¿qué ocurre con todas las demás cosas que hemos eliminado de nuestra vida? Quizá no vayamos a un determinado lugar porque en cierta ocasión tuvimos allí una experiencia desagradable, o quizá tratamos de evitar a personas concretas, o no solicitamos un determinado tipo de trabajo, o tomamos la decisión hace mucho tiempo de no sustituir la cadera tal como nos recomendó nuestro médico y ahora sufrimos grandes dolores, etcétera.

Las consecuencias de las opiniones congeladas en el tiempo no son diferentes para las cosas que nos gustan. Buscamos las cosas con las que tenemos una asociación agradable. Si salimos a cenar y debemos elegir entre algo que nos gusta y algo desconocido, hay muchas probabilidades de que elijamos la comida que nos gusta. Si acostumbramos a vestirnos de una determinada manera, tendemos a comprar ropa como la que solemos llevar.

No hay nada malo en saber lo que nos gusta y lo que no, pero, al mismo tiempo, es útil que seamos conscientes de las consecuencias del modo en que aquello que nos gusta o no nos gusta afecta a nuestras decisiones y acciones. Sencillamente, cuanto menos conscientes seamos de que el filtro de nuestros apegos y aversiones controla y da forma a nuestro mundo, más limitados estaremos, no por elección, sino por hábito.

Entonces, ¿cómo se aplica esto a las personas que deciden comer las pasas durante el ejercicio, a pesar de que pensaban que no les gustaban?

Bien, la verdad es que es raro que alguien diga: «Oh, bueno, ¿sabes?, ¡realmente me gustan las pasas ahora!». Sin embargo, lo que los participantes suelen decir es algo así como: «Las pasas saben de manera diferente a lo que pensaba».

El maestro coreano de budismo Zen Seung Sahn Sunim (1927-2004) era célebre por recordar constantemente a sus alumnos: «¡Tan solo no sé!». Y su respuesta a muchas de las preguntas era: «¡Mantén la mente de no saber!». Cuando practicamos el mindfulness, debemos cultivar un espíritu de no saber. No es que no sepamos nada sino, más bien, que cultivar la mente de no saber alienta la disposición a abordar lo que tenemos ante nosotros sin condiciones previas ni ideas preconcebidas, tratando de experimentar las cosas tal como son y no como pensamos que son.

> Atracción y rechazo son hábitos mentales.
> Parecen reales porque nos resultan familiares.
> El mindfulness hace que cada momento cobre vida.
> Podemos ser conscientes de la unicidad o la semejanza
> sin vernos atrapados por ninguna de ellas.
>
> LINDA LEHRHAUPT

> No sabía que una pasa pudiera ser tan dulce.

El grado de dulzura que saborean durante el ejercicio de la pasa a menudo sorprende a los participantes en la clase. Para algunos, el sabor explota en su boca con el primer bocado. Para otros, se torna más evidente cuando comen la segunda o la tercera pasa. Casi siempre hay alguien que dice: «Rara vez he sentido algo tan intensamente al comerlo. ¿Cuántas cosas me he perdido al comer?». Invariablemente, la pregunta que sigue es: «¿Qué me estoy perdiendo en mi vida?».

Esta comprensión –de que nos perdemos muchos momentos de la vida– puede hacernos sentir tristeza, rabia, perplejidad, determinación renovada y muchos otros sentimientos. La sensación de haber desperdiciado tantas oportunidades puede abrumarnos: amigos, juventud perdida, malas elecciones. La misma consciencia puede despertar el compromiso de honrar los momentos especiales de nuestra vida –de hecho, de valorarlos como algo precioso–, pero no con un sentimiento de pérdida o de tener que aferrarnos a ellos, sino con el mismo estado de alerta con el que saboreamos cada una de las pasas.

Muchos de los participantes de la clase MBSR llegan a darse cuenta de que, cuanto más en contacto están con todos los aspectos de su vida, más vivos se sienten. En el pasado, pueden haber tenido miedo de sentirse desbordados o lastimados, lo que les ha llevado a evitar determinadas situaciones. Un participante describió el impulso de esquivar una sensación como la necesidad de «levantar el puente levadizo de mi corazón».

Son muchos quienes vislumbran, tanto en el presente ejercicio de comida consciente como durante las semanas que siguen, que cuando están presentes al rico campo de sensaciones y experiencias que surgen instante tras instante, la vida ya no es la misma, sino que cambia y se despliega en el mundo de diversas maneras.

Cuando dejamos de ser tan precavidos y aprendemos a confiar en que sabremos qué es lo que debemos hacer, empezamos a descubrir una mayor resiliencia y vitalidad. Cuando nos decidimos a cambiar de dirección o efectuamos una elección, la fuerza de esa confianza nos permite elevar o bajar de manera consciente el puente levadizo de nuestro corazón sin vernos sobrecogidos por el pánico.

No sabía...

Durante la siguiente clase de MBSR, algunos participantes comenzaron a describir sus experiencias con el ejercicio de las pasas abriendo la frase con las palabras «No sabía» y pasando luego a decir cómo se relacionaban con algún aspecto de su vida.

Heike, cuyo marido, Frank, recientemente había fallecido de cáncer, expresó su pesar, compartiendo con nosotros la tristeza que le producía no haber sustraído tiempo de su trabajo, mientras Frank vivía, para disfrutar de su jardín o de las comidas que a él le encantaba cocinar. Ella priorizó su carrera y a menudo se desplazaba lejos, por largos viajes de negocios, incluso después de que su marido hubiese sido diagnosticado de cáncer de próstata. Nos dijo que no sabía cuán preciosa era su vida con Frank hasta que él se había ido.

Jürgen sentía gratitud. Tenía 42 años y, desde su adolescencia, había padecido la enfermedad de Crohn. Mencionó los largos años de lucha y el dolor provocado por su enfermedad. Obligada a jubilarse anticipadamente, había empezado a hacer cosas para las que no había tenido tiempo hasta entonces, incluyendo prestar más atención a su dieta y cultivar sus amistades. Durante el ejercicio de las pasas, se dio cuenta de que «no sabía» que su vida era tan rica, porque pensaba que la única cosa de valor real era el trabajo al que se había visto obligada a renunciar.

Por su parte, Gertrudis también experimentaba un profundo sentimiento de pérdida. Se había inscrito en el curso MBSR –según comentó– debido al estrés que sufrió al romper el contacto con su hijo adulto después de una disputa familiar. En la clase, ella desplegaba una gran energía, como si estuviese decidida a hacerlo lo mejor posible. Durante el ejercicio de las pasas nos dijo, con los ojos bañados en lágrimas: «Creía haber tomado la decisión correcta cuando dejé de verle. No sabía que estaba perdiendo el bien más valioso que he tenido nunca… la relación con mi hijo».

> Me ha hecho ser consciente de lo rápido que como.

Comer una pasa con tanta lentitud, atención e intención como lo hacemos en la clase de MBSR es casi un acto revolucionario. La manera en que se diferencia de la forma en que normalmente consumimos alimentos se torna aún más evidente con la segunda pasa. Aunque, cuando lo hacemos por nuestra propia cuenta y sin guía alguna, la tendencia es la de acelerarnos, comer la segunda pasa les cuesta, a casi todos los presentes en la clase, mucho más tiempo de lo habitual.

A veces yo (Linda) hablo en mis clases sobre el movimiento Slow Food, una red mundial de personas que disfrutan preparando y saboreando alimentos sostenibles y recetas regionales, poniendo el énfasis en los alimentos frescos, no elaborados y cultivados localmente, y dedicando tiempo a comerlos en compañía.

Al llegar a Alemania, en 1983, para vivir con mi marido, Norbert, se sorprendió cuando, en la primera mañana después de mi llegada, le dije:

–Salgamos a desayunar.

–Pero ¿por qué deberíamos hacerlo? –me preguntó–. Tenemos todo lo que necesitamos. Solo saldré a comprar un poco de pan tierno.

Y, antes de que yo pudiera añadir palabra, ya había salido y estaba de camino a la panadería.

Me costó bastante tiempo romper el hábito de desayunar sobre la marcha. Yo estaba acostumbrada a comer fuera de casa –y a toda velocidad– en la ciudad de Nueva York, pero las comidas caseras con mi marido y los otros muchos europeos que he conocido a lo largo de los años se convirtieron en una fiesta de tipo Slow Food. Por supuesto, también salíamos a cenar a veces, pero esas ocasiones eran algo muy especial porque ya no las daba por sentadas.

Hay una encantadora película sobre el placer de degustar alimentos llamada *El festín de Babette*, que nos enseña una lección acerca de la comida y el placer que puede hacer que incluso los más intrépidos neoyorquinos acostumbrados a los «bagels para llevar» se detengan a disfrutar de los sabores. La historia trata de una chef que trabaja en uno de los restaurantes más famosos de París a finales del siglo XVIII y que se ve forzada, durante la Revolución francesa, a huir a Dinamarca, donde encuentra refugio y empleo con dos solteronas y acérrimas calvinistas, las cuales desconocían la angustiosa huida de su cocinera y que había perdido a su marido y a su hijo en los disturbios. Las hermanas le piden, en un momento dado, que prepare una cena conmemorativa en honor de su padre, un severo pastor que había fallecido el año anterior. Sermoneada por lo general para que cocinase con austeridad, Babette decide entonces mostrar su agradecimiento a las hermanas preparándoles un suntuoso banquete francés costeado por ella misma. La película narra la elaboración y el consumo de una alegre y sensual cena de tipo Slow Food. Una vez que los invitados se ven desbordados por su alegría y sentido del gusto, permiten que aflore su humanidad.

> Es como si funcionase con el piloto automático.
> Masticaba sin darme cuenta.

Durante el presente ejercicio, muchas personas cobran consciencia de lo difícil que les resulta no morder las pasas. Algunos olvidan la instrucción de no masticar y empiezan a comérselas antes de darse cuenta de ello.

En el MBSR decimos que permanecer inconscientes mientras llevamos a cabo una actividad equivale a «funcionar con el piloto automático». Muchos de nosotros experimentamos esto mientras conducimos el coche. A veces salimos de casa y llegamos a nuestro destino sin ningún recuerdo del tiempo transcurrido durante el trayecto. Quizá nos hayamos quedado absortos con un programa de radio o simplemente hemos estado «ausentes», pero quién sabe lo que nos hemos perdido mientras estábamos desintonizados.

Vivir con el piloto automático tiene sus inconvenientes. Muchas personas funcionan de esta manera, llevando a cabo sus actividades con su familia o sus compañeros sin ningún sentido de conexión real. Consideremos, por ejemplo, nuestra vida laboral, donde las presiones pueden mantener a la gente ocupada e incluso hacer que sea más productiva, pero dejan poco tiempo para la interacción humana e infunden un sentimiento de socialización perdida. Asimismo, las etapas del ciclo de la vida –nacimiento, maduración y muerte– pueden llegar a convertirse en acontecimientos inconvenientes, en lugar de ser pasajes de la vida dignos de toda nuestra atención y celebración.

Sin embargo, es posible despertar la atención y llegar a cobrar consciencia de que no somos conscientes. Este es un aspecto clave del entrenamiento en el mindfulness. Ser conscientes significa que advertimos que nos hemos perdido en nuestros pensamientos o nuestras múltiples tareas sin hacer completamente una sola cosa. Cuando somos conscientes, es posible restaurar nuestra consciencia y vitalidad y, en suma, nuestra presencia en el presente.

> Cuando somos conscientes de que no estamos presentes aquí y ahora,
> cuando somos conscientes de que no somos conscientes, estamos practicando el mindfulness.
>
> LINDA LEHRHAUPT

> La tercera pasa ha sido la más intensa de todas.

Este comentario trae a colación un punto interesante acerca de la relación entre la prisa y el mindfulness. En la tercera parte del ejercicio, la gente come las pasas en la forma en que normalmente lo hacen muchas personas, lo que por lo general significa llevarlas a la boca y tragarlas, a menudo con un mínimo de masticación. Si ese es el caso, entonces ¿por qué algunas personas dicen que comer la tercera pasa ha sido la experiencia más intensa de todas?

Es cierto que el enlentecimiento es una parte importante del aprendizaje del mindfulness, que nos permite disfrutar de todos los aspectos de la experiencia de una manera más táctil y también nos brinda la oportunidad de ser conscientes de nuestra experiencia en cada momento. En el MBSR, se anima a los participantes a practicar todos los ejercicios con lentitud. Si llevamos a cabo actividades cotidianas como lavar los platos o cepillarnos los dientes como un ejercicio de mindfulness en casa, la ralentización es uno de los parámetros de la práctica... y suele ser el que les resulta más difícil a los participantes.

A veces tenemos que actuar rápido para evitar el peligro o para salvar una vida. Hay muchas profesiones –como, por ejemplo, bomberos, policías, enfermeras y médicos de urgencias– en las que las personas tienen que ser muy rápidas. ¿Cómo puede el mindfulness ayudar a profesionales como estos, para quienes unos pocos segundos pueden significar la diferencia entre la vida y la muerte? ¿Cómo puede el mindfulness ayudarnos a participar en deportes o en cualquier otra situación donde la velocidad es un factor decisivo?

Sin embargo, el adiestramiento en el mindfulness también se aplica maravillosamente a este tipo de situaciones. Muchas personas que practican mindfulness nos dicen que, cuando tienen que moverse rápidamente, se sienten más arraigadas y conscientes del espacio que hay a su alrededor.

No todos desempeñamos trabajos en los que la velocidad es un requisito importante, pero todos afrontamos a veces situaciones en las que nos vemos presionados a actuar rápidamente. En los momentos en que se requiere más velocidad, el aspecto clave es *conectar con lo que está sucediendo*. La práctica del mindfulness puede conectarnos mejor con nosotros mismos y con las situaciones.

El mindfulness no tiene que ver con ser rápido o lento,
sino con el modo en que prestamos atención.
Podemos seguir el ritmo de la vida
y permanecer conectados con el presente.

LINDA LEHRHAUPT

Solo estamos comiendo uvas pasas. ¡Extraordinario!

El mindfulness no tiene nada de misterioso. Cada uno de nosotros puede referir ocasiones en que lo hemos experimentado, aunque quizá no lo denominemos de ese modo. Tal vez fue cuando nació nuestro hijo, durante un momento de desafío físico, o cuando estábamos tomando una curva cerrada en una carretera de montaña. Quizá fuese al contemplar un atardecer, o acompañando a un ser querido mientras daba su último aliento.

Lo que tienen en común todas estas experiencias es que son momentos en los que el mindfulness ocurre de modo espontáneo y en los que hay una sensación de inmediatez y claridad, de estar despiertos y conscientes. Estas ocasiones suelen ser sumamente especiales y tendemos a recordarlas con gratitud como regalos extraordinarios que nos ha concedido la vida. Es importante, sin embargo, no confinar el mindfulness tan solo a una serie de momentos especiales.

Cada momento posee su cualidad excepcional, su esencia y su forma cambiante. Y estas cualidades siempre están ahí con independencia de que las califiquemos de «buenas» o «malas». Mantener la conexión con el presente imprime color, profundidad y un carácter de celebración a nuestra vida, sin importar cuál sea la situación. Nos permite experimentar, en suma, que tanto los momentos ordinarios como los extraordinarios enriquecen nuestra vida.

Tan completamente ordinario y, sin embargo...

Amy compartió con nosotros la profunda sanación emocional que experimentó con Adele, su madre enferma, y cómo la alimentó durante los días previos a su fallecimiento.

Mamá solo podía ingerir alimentos blandos, como yogur y zumo de manzana. A veces, me costaba una hora que se comiese su pequeño plato. Yo estaba tan concentrada en hacerle llegar los alimentos con la cuchara, manteniéndola cerca de su boca, esperando a que encontrase la fuerza para tomar un poco, que perdía el sentido del tiempo. La vida se volvió tan solo una cucharada... y otra... y otra, y cada cucharada un proceso de entrega total, aceptación y desapego. Era algo completamente ordinario. Doy gracias a Dios por haberme dado la oportunidad de realizar esa pequeña tarea de amor. Fue un regalo de la gracia.

> Me resulta difícil morder la pasa.
> Me parece muy violento.

Al menos una persona, prácticamente en cada clase, efectúa este comentario. Y luego toda la clase explora por qué morder puede parecer tan agresivo. Para muchos participantes, es el hecho de cobrar consciencia de todos los lugares por los que han pasado las pasas y las personas que han estado en contacto con ellas lo que hace que cada pasa sea tan especial. La pasa ha dejado de ser anónima.

Lo que suele ocurrir –y esto es especialmente cierto cuando nos sentimos desbordados en la vida– es que tratamos a las otras personas, los animales y nuestro entorno natural como meros objetos. Y, una vez que los hemos despersonalizado, es más fácil utilizarlos indebidamente, abusar de ellos y esquilmarlos. Por desgracia, el objeto que con más frecuencia tratamos de este modo es nuestro propio cuerpo.

Tendemos a tratar nuestro cuerpo como si fuese una máquina. Ya sea que funcione bien, o hagamos caso omiso de él, o si estamos enfermos, juzgamos qué es lo que ha fallado. Trabajamos hasta el punto del agotamiento y comemos o bebemos con completa inconsciencia, sin tener en cuenta el daño que nos hacemos. Nos apartamos de las relaciones vitales y estamos atrapados en aumentar las ganancias en beneficio mismo de las ganancias, trabajando más horas, durmiendo menos y, a la postre, ahogándonos en nuestras propias actividades. Tanto si vamos a ver a nuestros hijos cuando están acostados, por ejemplo, o bien respondemos al último correo del día, todo lo convertimos en una carrera.

Sin embargo, una de las lecciones que nos enseña el ejercicio de las pasas es que todas las vidas, entre ellas la nuestra, son tesoros. Nuestra bondad y generosidad intrínsecas pueden ser alimentadas y, gracias a ello, se torna posible la verdadera abundancia, así como la bondad profunda hacia los demás y hacia nosotros mismos. María lo expresó de la siguiente manera:

> Me parecía muy difícil y hasta violento morder las pasas. De entrada tuve que obligarme a masticarlas. Pero, al comer la segunda pasa, me di cuenta de que, cuando como con plena atención, puedo morder no como un acto de violencia, sino de comunión. Se transforma entonces en un acto sagrado… y me siento agradecida por el alimento y el sentido de conexión con la vida de que disfruto ahora.

Pensé que sería aburrido.

Cuando alguien hace este comentario, una de las primeras preguntas que yo (Linda) siempre planteo es la siguiente: «¿Así que *estabas* aburrido?». A menudo la persona contesta: «No, no mientras lo hacía. Solo al pensarlo de antemano».

Durante el ejercicio, los participantes aluden al aburrimiento de diferentes maneras. Günther dijo: «Me sentía aburrido durante la segunda y la tercera pasa, pero no cuando el ejercicio era guiado». Por su parte, John señaló: «Bueno, pensaba que este ejercicio no sería muy interesante; quiero decir algo así como "no tengo tiempo para esto"». María, por su parte, añadió: «He comido pasas tantas veces. Temía que me resultase completamente aburrido tener que observar cada una». Bruno parecía algo exasperado cuando le dijo a la clase: «Vine aquí para aprender a lidiar con mi dolor físico, no para comer pasas. Este ejercicio es estúpido».

Lo que etiquetamos como aburrimiento es un estado en el que a veces nos sentimos inquietos y no prestamos atención al momento presente. También podemos percibirlo como falta de atención, como si no hubiese nada a lo que mereciese la pena prestar atención. De hecho, cuando estamos aburridos, a menudo estamos atrapados en nuestros pensamientos. Podemos estar pensando en el pasado o en el futuro. Creemos que sabemos lo que vamos a ver, porque ya lo hemos visto antes y, de ese modo, nos desconectamos de lo que sucede en el presente.

Pero podemos ser conscientes del sentimiento de aburrimiento y utilizarlo como un despertador que nos diga cuándo estamos alejándonos de lo que sucede. Entonces, en lugar de detenernos en el aburrimiento, podemos suscitar una sensación de curiosidad hacia lo que ocurre en ese momento.

Cuando experimentes aburrimiento, trata de investigar completamente ese estado. Tal como hemos hecho con las pasas, dirige tu atención a lo que está presente, directamente delante de ti, y plantéate las siguientes preguntas:

«¿Dónde está depositada mi atención ahora?».

«¿Qué estoy pensando al respecto?».

«¿Qué estoy sintiendo?».

Cuando prestamos atención, experimentamos la sensación de estar presentes en nuestra propia vida, en contacto momento a momento con nuestro cuerpo/mente, así como con nuestros pensamientos, sentimientos y sensaciones. El mindfulness no es un estado de consciencia que solo aparezca en situaciones especiales. En la práctica del mindfulness, aprendemos a ser conscientes y comprobamos que es posible ser conscientes de los momentos en que no somos conscientes.

El mindfulness nos permite saber dónde estamos y qué estamos haciendo, para sentirnos en casa en nuestro propio cuerpo, en medio tanto de la alegría como de la confusión.

3. El estrés, los desafíos de la vida y el mindfulness

En el presente capítulo abordaremos tres cuestiones fundamentales:

- ¿Qué es el estrés?
- ¿Cómo se activa?
- ¿Cuáles son los efectos que tiene el estrés sobre nuestra calidad de vida?

Para ello, observaremos de qué modo la práctica del mindfulness nos ayuda a trabajar con el estrés de una manera beneficiosa. Nosotras, las autoras, sentimos que, antes de pasar a examinar cómo podemos aprender una manera sana de convivir con el estrés, tiene sentido comprender qué es. Para empezar a explorar este tema, te invitamos a participar en el siguiente ejercicio, que se basa en uno desarrollado por el profesor Gert Kaluza, uno de los principales expertos, en Alemania, en el estrés.

Ejercicio: Explorar los desencadenantes del estrés y las reacciones de estrés

Completa esta frase: «Me siento estresado cuando...».

- Escribe todo lo que se te ocurra. Puede ser una sola cosa o una larga lista de condiciones y situaciones en las que te sientes estresado.
- Luego completa esta frase: «Cuando me siento estresado, tiendo a...». Escribe lo que haces cuando experimentas estrés. Por ejemplo: «Fumo más... Me siento impotente e inútil... Estoy irritable... Salgo a correr». De ese modo, descubrirás tus reacciones individuales a los desencadenantes del estrés.
- Ahora que has tomado nota de tus reacciones a los desencadenantes del estrés, pregúntate en qué nivel tiendes a reaccionar principalmente:

  - Nivel emocional y mental («Estoy preocupado», «No puedo afrontarlo», «Me sobrepasa», etcétera).
  - Nivel físico (aceleración de los latidos cardiacos, ganas frecuentes de orinar, agitación).
  - Nivel conductual (tabaquismo, hiperactividad, etcétera).

- Tus reacciones de estrés pueden incluir varios de estos elementos.
- Tal vez constates que, durante este ejercicio, refieres cosas obvias y cotidianas que te causan estrés. Estas podrían incluir: ir de compras después de un largo día de trabajo, intentar concentrarte en situaciones que te distraen, darte prisa cuando tienes que atender a muchas pequeñas cosas, o que varias personas demanden algo de ti al mismo tiempo.

Yo (Petra) me siento estresada cuando me enfrento a una tarea difícil y no puedo encontrar un momento tranquilo para trabajar en ella, porque tengo muchas otras cosas que hacer. También me resulta estresante tener que cumplir un plazo en mi trabajo o tener escaso control sobre las situaciones.

No son solo las grandes cosas dramáticas –los llamados eventos críticos de la vida, tales como el matrimonio, la muerte de un ser querido o la pérdida de un empleo– las que generan estrés, sino que también nos ponen nerviosos las situaciones ordinarias o los problemas recurrentes. La presión de los plazos, las demandas excesivas o factores ambientales tales como el ruido, el espacio limitado o la sobrecarga sensorial suelen agravar, en general, este tipo de problema. Los descubrimientos llevados a cabo por los investigadores del estrés no hacen sino confirmar que las denominadas molestias cotidianas constituyen el mayor reto para nuestra capacidad de sobrellevar el estrés y, en consecuencia, también un riesgo importante para la salud.

Podemos concebir los factores cotidianos del estrés como granos de arena que van acumulándose en los engranajes de un motor. Quizá de entrada no afecten demasiado, pero si no les prestamos atención, pueden dar lugar a problemas reales tanto en los engranajes como en nuestra vida. En ese caso, cuando nos sentimos abrumados, algo sin importancia como un teléfono que suena o la simple pregunta de un compañero de trabajo se convierten en un desencadenante del estrés, suscitando una intensa reacción física o emocional. Esta es la proverbial gota que colma el vaso.

Sin embargo, no tiene por qué ser de esta manera. Un aspecto importante del MBSR estriba en aprender a practicar el mindfulness en nuestra vida cotidiana para poder mantener una actitud de alerta. También cultivamos la amistad hacia nosotros mismos para volver amablemente y sin recriminación alguna al momento presente. Esto, a su vez, nos sirve de apoyo para reconocer las señales tempranas de advertencia, en lugar de quedarnos atrapados en las reacciones automáticas. Por ejemplo, el anterior ejercicio sobre los desencadenantes del estrés nos muestra el modo de detectar los signos de advertencia del estrés, lo cual nos impide quedar a merced de ellos. El mindfulness también nos ayuda a hacer una pausa y preguntarnos: «¿Qué siento realmente en este momento? ¿Qué me está diciendo mi cuerpo sobre las emociones que experimento?». De este modo, aprendemos a abordar con consciencia las reacciones y los desencadenantes del estrés, reduciendo nuestra tendencia a cambiar al modo de piloto automático y movernos por inercia sin estar realmente presentes, ni mental ni emocionalmente. Más adelante veremos que practicar mindfulness de este modo es útil para abordar las situaciones difíciles.

Cuando alcance mi objetivo, ¿seré feliz... o no?

Esta declaración refleja una actitud que rige la vida de muchas personas. Solemos focalizar nuestra atención, así como nuestras esperanzas, en promesas de felicidad o en los grandes acontecimientos de nuestra vida. Pero el resultado de esta postura es que tendemos a perder de vista el estrés crónico sutil que genera. Permitimos que nuestra vida se vea dominada, de manera más o menos inconsciente, por una actitud de tipo «cuando-entonces»: «Cuando mis hijos se independicen, entonces tendré más tiempo para mí», o «Cuando haya terminado este proyecto, entonces las cosas se calmarán». Tratamos de convencernos de que seremos más felices cuando tengamos un coche nuevo, una nueva pareja, o cuando disfrutemos de unas vacaciones en la playa. Esta actitud se ve impulsada y reforzada por la sociedad moderna, que apoya la noción de que la felicidad radica en símbolos de estatus, como una apariencia física atractiva, el éxito o la riqueza, y de que estas cosas son más importantes que la serenidad, la relajación, la calidad de vida y la ética. El padre Alfred D'Souza, escritor y filósofo australiano, señala concisamente: «Durante mucho tiempo me pareció que la vida –la vida real– estaba a punto de comenzar, aunque siempre había algún obstáculo que se interponía en el camino, algo que debía conseguir primero, como algún asunto inconcluso, tiempo que invertir, una deuda que saldar. Y entonces, la vida comenzaría. Finalmente, me di cuenta de que esos obstáculos eran mi vida».[14] La actitud cuando-entonces es un desencadenante del estrés que fomenta la esperanza de que podremos lograr algo que nunca va a suceder. Vivir en el futuro nos lleva a perder el presente.

Cuando estamos atrapados en una situación estresante en nuestra vida y nos parece que no podemos cambiarla, solemos pensar que no tenemos más alternativa que aceptarla, o bien nos acostumbramos tanto al estrés que creemos que nos hace falta para poder funcionar. A menudo, en vez de hacernos cargo de nuestra vida, terminamos simplemente reaccionando a las circunstancias. Todas estas situaciones pueden hacer que vivamos esperando que llegue el fin de semana o unas vacaciones de ensueño que nos proporcionen algún tipo de alivio. Entonces, cuando terminan las vacaciones o el fin de semana, no tarda en disiparse la relajación que hemos experimentado. De hecho, una de las ironías de la vida moderna es que el ocio anhelado no nos ayuda a relajarnos por completo, sino que se convierte en otra fuente de estrés.

Como nuestra sociedad rara vez considera «no hacer nada» un objetivo válido, son muchas las personas que programan tantas «actividades de ocio» como les sea posible en sus «relajantes» fines de semana. A veces albergamos la actitud tácita de que «cuanto más cosas hagamos para relajarnos, más libres nos veremos del estrés». No obstante, al retomar la semana laboral, podemos darnos cuenta de que actividades tales como ver la televisión, ir al cine, salir a cenar, dedicarnos a deportes competitivos o acudir a fiestas o parques temáticos no se traducen en una auténtica relajación. Es posible que nos distraigan de nuestras preocupaciones, pero realmente no nos llevan a afrontar el estrés de una manera útil, ni nos procuran descanso. De hecho, lo que hacemos es sustituir una especie de actividad estresante por otra que, si bien nos distrae de nuestras actividades más habituales, sigue siendo una actividad que nos mantiene en el «modo hacer». En cualquier caso, no queremos que se nos malinterprete: no estamos diciendo que nadie deba participar en actividades recreativas como las recién mencionadas, sino tan solo que todo depende de cómo las abordemos.

La recuperación del estrés

Los estudios sobre la relajación y la dinámica del estrés físico ponen de relieve que, para evitar que nuestra salud se vea dañada, cada fase de tensión y esfuerzo debe ser seguida por una fase de descanso y relajación. Al mismo tiempo, el periodo de reposo dependerá del tipo de estrés y de su duración. Cuanto más intensa sea la fase de estrés, más tardaremos en recuperarnos y en estar preparados para afrontar el siguiente periodo de estrés con la motivación y la capacidad suficientes. Sin embargo, la mayoría de las personas no permiten esto en su vida cotidiana, ya que, o bien no descansan en absoluto, o no descansan lo suficiente para proveer la cantidad requerida de relajación y recuperación antes de abordar un nuevo ciclo de actividad.

Es importante elegir actividades recreativas que sean verdaderamente relajantes. La más útil es una actividad de recuperación que haga que nos sintamos mejor y nos ayude a relajarnos mentalmente; pero muy a menudo esto no es lo que ocurre incluso cuando nos acostamos a descansar. Nuestro cuerpo puede estar acostado, pero nuestra mente sigue ocupada con planes, preocupaciones o fantasías, por lo que estamos muy lejos de relajarnos realmente. La ralentización de la actividad mental es un elemento esencial para una recuperación eficaz, y eso es exactamente lo que practicamos en la meditación mindfulness.

La meditación mindfulness también tiene que ver con el desarrollo de un enfoque carente de juicios al observar nuestros pensamientos y sentimientos. Si lo hacemos así, evitaremos perdernos en las letanías de pensamientos que, a menudo, constituyen una importante fuente de estrés y malestar.

El siguiente ejercicio nos ayudará a entender qué es lo que significa observar los pensamientos como pensamientos. Cuando hayamos concluido el ejercicio, debemos dedicar unos momentos a reflexionar sobre lo que nos ha resultado particularmente más interesante o novedoso y lo que hemos experimentado mientras observábamos nuestros pensamientos. No debemos preocuparnos si no hemos sido capaces de observar nuestros pensamientos en todo momento. Eso es algo normal. Tan solo tratamos de repetir el ejercicio. Ser consciente de los pensamientos de una manera menos estresante requiere un poco de práctica.

Ejercicio: Observar nuestros pensamientos

- En primer lugar, siéntate en una silla, sofá, cama, almohada o banqueta y adopta una postura cómoda, relajada y erguida. Sé consciente de tu postura y de las sensaciones, si las hubiere, presentes en tu cuerpo. Quizá sientas las zonas del cuerpo que están en contacto directo con la superficie en la que estás sentado. A continuación, sin cambiar de posición, cobra consciencia de tu cuerpo como un todo. Tómate algún tiempo para advertir cualquier sensación que pueda estar presente, o simplemente observa la totalidad del cuerpo tal y como es. Dedica un par de minutos a esto.

- Ahora, sintoniza con la respiración y sé consciente del hecho de que tu cuerpo está respirando. Al hacerlo, no debes cambiar nada. Por ejemplo, no hay necesidad de intentar controlar la respiración, de hacerla más profunda o de modificarla de alguna otra manera. Dedica unos momentos tan solo a sentir tu respiración como mejor puedas: inspirando... espirando... una respiración tras otra. Si tienes problemas a la hora de detectar simplemente la respiración y tiendes a tratar de controlarla, entonces, toma consciencia amablemente de ese hecho. Simplemente permanece sentado y continúa practicando durante un par de minutos el mindfulness de tu respiración.

- Todavía sentado y respirando de manera natural, empieza a advertir los pensamientos que emergen. Si te resulta difícil, imagínate que estás sentado en un cine contemplando una pantalla vacía y esperando a que tus pensamientos se proyecten en ella. Cuando los pensamientos aparecen, tan solo obsérvalos y, a continuación, percibe lo que sucede cuando no intervienes. Algunos pensamientos desaparecen tan pronto como te das cuenta de ellos, mientras que otros persisten o se repiten. Basta con que sigas siendo consciente de ellos simplemente como pensamientos o «eventos mentales» y percibas cómo aparecen en la pantalla y, seguidamente, desaparecen, sin tratar de influir en ellos ni involucrarte en su contenido. Si la sugerencia de sentarte en un cine no te resulta útil, no dudes en elegir una imagen diferente como, por ejemplo, observar tus pensamientos como si fuesen nubes que discurren por el cielo, o quizá puedas imaginarte sentado a la orilla de un río y ver tus pensamientos pasar flotando como si fuesen barcas.

• Cuando estés preparado, concluye el ejercicio volviendo a depositar la atención en tu cuerpo sentado. Puedes ahora hacer algunos estiramientos o llevar a cabo unas cuantas respiraciones profundas.

• En la observación de los pensamientos, damos un paso atrás y simplemente los observamos sin enredarnos en ellos. Cuando experimentamos esto, incluso durante unos segundos, interrumpimos la tendencia a funcionar con el piloto automático y profundizamos en nuestra práctica del mindfulness.

En resumen, el ejercicio consta de tres pasos:

1. Adopta una posición cómoda sentado y sé consciente de tu cuerpo.
2. Focaliza tu atención en la respiración y sé consciente de las sensaciones producidas al respirar.
3. Observa el flujo de los pensamientos sin permitir que te arrastren.

¿Qué es el estrés?

La ciencia no nos brinda una definición única del término «estrés». En el uso cotidiano, la palabra suele referirse a un esfuerzo o incomodidad física o mental. Algunas personas afirman que nunca experimentan estrés, sugiriendo de ese modo que todo en su vida discurre sin problemas. Sin embargo, a menudo la gente resta importancia al efecto que tiene el estrés en su vida, porque estar estresado es algo que, en nuestra sociedad, reviste connotaciones negativas. Si nos sentimos estresados, solemos decir: «Esto me estresa», lo que significa que existen circunstancias en nuestra vida que nos generan estrés. A veces decimos algo así como: «Mi trabajo es muy estresante», lo cual describe una experiencia que exige mucho de nosotros y que constituye un factor externo de estrés. No obstante, también hay algunas personas que tienen un cierto orgullo de su estrés porque les infunde la sensación de estar ocupados y ser importantes.

El doctor Hans Selye, endocrinólogo húngaro-canadiense a quien muchos consideran el padre de la teoría del estrés, fue el primero en definir el *estrés*, en el año 1936, como «una respuesta no específica del cuerpo a cualquier demanda de cambio». Basándose en sus numerosos estudios de los cambios fisiológicos en animales heridos, acuñó la expresión de *desencadenante del estrés* (o estresor). Los estresores incluyen todos los factores externos e internos que representan una amenaza potencial, incluidos el dolor físico y las emociones problemáticas. Cuando nos enfrentamos a un desencadenante del estrés, se activa la llamada reacción de estrés, una respuesta que, como veremos más adelante, se atiene a un patrón específico.

Desencadenantes del estrés

Dado que los desencadenantes del estrés varían entre diferentes personas, cualquier cosa puede convertirse en un desencadenante potencial del estrés. Estos incluyen:

- *Factores fisiológicos*: dolor, discapacidad, enfermedad, hambre, sed, y síntomas tales como palpitaciones del corazón o estómago hinchado.
- *Factores ambientales*: excesivo ruido, frío, calor y otros fenómenos naturales.
- *Factores relacionados con el trabajo*: plazos de entrega, presión financiera, exámenes, sobrecarga de trabajo y falta de estímulos.
- *Factores sociales*: conflictos de relación, acoso, aislamiento, problemas familiares, divorcio o fallecimiento de un ser querido.

También cabe distinguir entre desencadenantes del estrés agudo o del estrés crónico. Los desencadenantes del estrés *agudo*, como el plazo para terminar un trabajo o aprobar un único examen, son temporales. Los estresores *crónicos* –como la enfermedad de un pariente, las dificultades financieras, cuidar de un niño discapacitado, una situación laboral conflictiva o los problemas constantes de relación– nos someten a presión durante un largo periodo de tiempo. Existen también factores estresantes previsibles (como una entrevista de trabajo, una boda o la preparación de la declaración de la renta) y factores estresantes imprevisibles (como un accidente o ser despedido del trabajo).

Dedica ahora unos momentos a anotar tus propios desencadenantes típicos del estrés. Identificar nuestros propios factores de estrés es un paso importante para reducir o cambiar el efecto negativo que tienen sobre nosotros.

La reacción de estrés

La reacción del cuerpo humano a un factor estresante es un proceso altamente complejo que implica una rápida transferencia de información a través del sistema nervioso y un posterior incremento y liberación de diferentes hormonas denominadas del estrés, como adrenalina, noradrenalina y cortisol. Si la reacción de estrés persiste, también serán liberadas otras hormonas, como la serotonina, la dopamina y las endorfinas generadas por el propio cuerpo. La respuesta de estrés no solo tiene una función adaptativa, sino también de protección. Esto es lo que hace que el estrés sea útil, puesto que nos proporciona la energía necesaria para actuar con rapidez cuando afrontamos diferentes desafíos vitales. Tal como señala el doctor Selye, «El estrés es el condimento de la vida».

La reacción de estrés es un estado altamente activo que también se denomina hiperactivación o respuesta de lucha o huida (llamada así porque el cuerpo, en un nivel fisiológico, reacciona al peligro preparándose para luchar o huir), la cual libera la hormona cortisol, que hace que nuestro cuerpo –especialmente nuestros órganos y músculos– se predispongan para la acción. En una persona sana, el nivel de cortisol será más alto por la mañana, ofreciendo más energía al comienzo de las actividades de la vida diaria.

La reacción de estrés se lleva a cabo de forma automática y simultánea en diferentes niveles:

- *Fisiológico*: se moviliza una reacción adaptativa que conlleva un aumento de la secreción de las hormonas del estrés y la entrada del cuerpo en el modo de lucha o huida. Los efectos incluyen aumento de la presión arterial, taquicardia, incremento de la tensión muscular y reducción de la actividad digestiva.
- *Mental*: la mente se acelera, a menudo llena de pensamientos que provocan ansiedad, incluyendo pensamientos negativos como: «No puedo hacerlo». A la inversa, la mente puede quedarse en blanco o entrar en estado de pánico.
- *Emocional*: podemos experimentar sentimientos de impotencia, rabia o ansiedad, así como inquietud interna,

lo que puede paralizarnos y aumentar el estrés. También es posible que aparezca una sensación de euforia como resultado del incremento de la actividad y la liberación de adrenalina.

- *Conductual*: esta categoría incluye diversos efectos, como falta de apetito o comer en exceso, fumar, aumento del consumo de cafeína, hablar rápido, hiperactividad y abuso de diferentes sustancias.

Algunas reacciones pueden aumentar la manifestación del estrés. Por ejemplo, si estamos asustados y experimentamos una sensación de sequedad en la boca y un aumento del ritmo cardiaco, eso puede contribuir a exacerbar cualquier temor presente. Si el miedo aumenta, afectará a nuestros pensamientos, convirtiéndolos en pensamientos negativos o de pánico. Tal vez incluso induzca pensamientos catastróficos, tales como: «No puedo seguir con esto», o «Me gustaría morirme», o «Creo que me estoy volviendo loco». En este punto, corremos el riesgo de quedarnos atrapados en una espiral descendente, en un ciclo de estrés alimentado por los pensamientos negativos, que a su vez conduzca a más sentimientos de miedo, enojo o impotencia. De este modo, los pensamientos negativos se ven reforzados una y otra vez. Al mismo tiempo, este tipo de emociones, combinadas con pensamientos perturbadores, provocan un desequilibrio hormonal en nuestro torrente sanguíneo que, a largo plazo, termina afectando al sistema inmunológico y al corazón.

La consciencia atenta a las reacciones y los desencadenantes del estrés puede disminuir o mitigar los elementos nocivos de la reacción de estrés. La observación cuidadosa de nuestras reacciones nos lleva a ser más conscientes de nuestros pensamientos y nuestras emociones. Esto, a su vez, hace que sea más fácil evitar que nos sintamos desbordados por ellos. Como hemos señalado antes, podemos aprender a observar nuestros pensamientos como «acontecimientos» mentales sin quedar atrapados en su contenido. Cuando lo hacemos así, fortalecemos nuestra capacidad para observar qué pensamientos merecen ser alimentados, en lugar de permitir que nos gobiernen.

Lo que constituye un reto positivo para una persona es un desencadenante del estrés para otra

La investigación sobre el estrés ha efectuado numerosos avances durante las últimas décadas, progresando desde una visión mecanicista hasta un modelo que abraza la relación dinámica entre las personas y su entorno. Aunque la investigación sobre el estrés todavía trabaja con la hipótesis de que una respuesta de estrés sigue a un factor estresante, también sabemos que lo que constituye un desencadenante negativo de estrés para una determinada persona puede ser un reto bienvenido o mera rutina para otras. Para mí (Petra), impartir conferencias solía constituir una enorme fuente de estrés. Al principio de mi carrera, tenía poca experiencia con las conferencias y consideraba que impartirlas era una tarea difícil y ardua. Incluso llegué a rechazar algunas peticiones para dar conferencias porque me sentía incapaz de hacerlo. Luego trabajé en mi evaluación personal de los desencadenantes del estrés y empecé a practicar MBSR, y hoy puedo aceptar el reto y disfrutar de las conferencias.

Esta es una buena ilustración de lo que el psicólogo estadounidense Richard Lazarus quería decir cuando creó el modelo transaccional del estrés: nuestra experiencia del estrés y el efecto de un factor estresante sobre nuestro bienestar dependen en buena medida de nuestra percepción de ellos. Esto, a su vez, estará influenciado por el modo en que valoramos nuestra capacidad para afrontar la situación estresante.

Hay en ello tanto buenas como malas noticias. Basándonos en la teoría de Lazarus, podemos hacer algo para reducir nuestra percepción del estrés y atenuar nuestras reacciones a él, es decir, podemos ser conscientes de nuestros procesos mentales cuando nos enfrentamos con un desencadenante potencial de estrés. Esto también nos brinda los medios para responsabilizarnos más de nuestra salud y de la manera en que vivimos.

Si las causas de nuestro estrés fuesen totalmente externas, estaríamos a merced de nuestro entorno. ¡Pero esta no es la realidad! Incluso en las circunstancias más difíciles, siempre es posible aprender a mantener nuestro equilibrio y mejorar considerablemente nuestros niveles de estrés. Hay ejemplos notables de esto, como el de Nelson Mandela, quien pasó décadas en prisión, pero nunca perdió su espíritu; o como las monjas y monjes tibetanos que, a pesar de ser torturados, expresan compasión hacia sus verdugos. Aunque estos son ejemplos extremos, sirven para ilustrar el principio de que, incluso en las circunstancias más adversas, podemos elegir el modo en que nuestra mente procesa y afronta las experiencias difíciles.

¿Debemos limitarnos a sonreír y soportarlo?

Por favor, no queremos ser malinterpretadas; no queremos decir que la práctica del mindfulness nos condene al papel de observadores pasivos, soportando situaciones difíciles y circunstancias adversas. Por el contrario, el mindfulness puede hacernos ser más claramente conscientes de las condiciones injustas o desagradables en nuestra vida privada y laboral, para luego decidir acerca del mejor curso de acción a la hora de tratar de resolverlas. Esto podría incluir solicitar un aumento de sueldo, cambiar de trabajo, mantener una charla para aclarar las cosas o poner fin a una relación.

La manera en que respondemos al estrés es sumamente compleja, automática y condicionada, un proceso que ayuda a nuestros cuerpos a adaptarse a las realidades cambiantes de la vida. Como resultado, la respuesta de estrés tiene una función protectora. El grado en que experimentamos un desencadenante potencial del estrés como una amenaza, y por tanto como un factor estresante, determina en gran medida o completamente (según algunos investigadores) nuestra evaluación posterior –ya sea de manera consciente o inconsciente– de dicho factor estresante. Nuestras actitudes, habilidades y capacidades –es decir, nuestras herramientas para afrontar las dificultades– son cruciales para saber cómo debemos gestionar y responder al estrés. Si consideramos que la situación es manejable y que nuestros recursos son suficientes para llegar a cumplir el reto, nuestra respuesta de estrés será notablemente más baja y más breve que si asumimos que somos incapaces de afrontar la situación.

Aquí es donde los pensamientos amplificadores del estrés desempeñan un papel decisivo. Este tipo de pensamientos suelen producirse automáticamente (es decir, de manera inconsciente), con el resultado de que nos hacen percibir algo o a alguien como un desencadenante del estrés, lo cual nos lleva a cambiar al modo de respuesta de estrés. Ejemplos típicos de pensamientos amplificadores del estrés son los siguientes:

«Nunca seré capaz de gestionarlo».

«No soy lo suficientemente bueno en esto».

«Prefiero hacerlo yo mismo».

«Me gustaría complacer a todo el mundo».

«Siempre tengo que hacerlo todo bien».

Los pensamientos amplificadores del estrés están asociados con nuestras exigencias internas y con los sentimientos y el comportamiento resultantes. Entre los pensamientos clásicos que amplifican el estrés se incluyen el perfeccionismo, el miedo al fracaso y a cometer errores, el miedo al rechazo, el deseo de tener todo bajo control y el excesivo temor a la vulnerabilidad.

El estrés no es un proceso lineal ni mecánico (si ocurre A, entonces el resultado será B), sino una cuestión altamente individual. Lo que es un desencadenante del estrés para una determinada persona puede no serlo para otra. Y, dado que la experiencia del estrés y los consiguientes efectos sobre nuestra salud son tan personales y, al mismo tiempo, en gran parte inconscientes o subconscientes, es muy importante que prestemos atención a lo que ocurre en los ámbitos fisiológico, mental, emocional y conductual durante una situación estresante. En nuestra opinión, no hay nada mejor que la práctica del mindfulness para entrenar a la gente en cobrar consciencia de estos factores.

En este punto, nos gustaría presentar un ejercicio –desarrollado por los psicólogos John Teasdale, Zindel Segal y Mark Williams como parte de su programa de terapia cognitiva basada en el mindfulness[15]– que contribuye a cultivar la consciencia en la vida cotidiana y cuya práctica regular nos ayudará a interrumpir el ciclo del estrés. Dado que solo lleva de tres a cinco minutos, puede resultar fácil de encajar en nuestra rutina diaria.

Ejercicio: Dedicar un periodo a un espacio de respiración

- Comienza sentándote en una postura cómoda y erguida que manifieste, para ti, una actitud de presencia y lucidez, de dignidad y apertura. Puedes cerrar los ojos o, si lo prefieres, mantenerlos abiertos, pero enfocados en dirección descendente sin forzar la mirada.
- Empieza planteándote la siguiente pregunta: «¿Qué sucede ahora en mi mente y en mi cuerpo?». No intentes modificar nada, sino abrir tu consciencia a lo que esté presente en tu cuerpo y mente en este momento. Puede servirte de ayuda que te preguntes también: «¿Qué pensamientos discurren por mi mente? ¿Qué emociones estoy sintiendo? ¿Qué sensaciones físicas?». Adviértelos tan amablemente como puedas.
- En el segundo paso, deposita tu atención en las sensaciones que experimentas al respirar, permitiendo que tu consciencia se asiente en la zona del cuerpo donde percibas la respiración con más claridad. Sé consciente, lo mejor que puedas, de la respiración durante la duración completa de cada inspiración y espiración, así como de la pausa entre respiraciones.
- En el tercer paso, amplía tu campo de consciencia desde la respiración a la totalidad de tu cuerpo. Siente todo el espacio que ocupa tu cuerpo físico, así como las sensaciones que se manifiesten en tu cuerpo en este momento. Obsérvalas con un espíritu de bondad, como si todo tu cuerpo estuviese respirando. Si tienes sensaciones muy intensas, trata de ser consciente de ellas tal como son, sin intentar modificarlas en modo alguno. Si lo deseas, puedes experimentar permitiendo que la respiración fluya a estas zonas del cuerpo cuando inspiras y, posiblemente, ablandándolas al espirar.
- Concluye el ejercicio a tu propio ritmo.

En el primer paso del ejercicio del espacio de respiración, dedicamos un periodo a centrar nuestra atención en el momento presente. Este ejercicio nos invita a apartarnos de nuestro habitual modo de consciencia orientada hacia un objetivo y conectar, en su lugar, con lo que observamos y encontramos aquí y ahora, sin juzgarlo ni tratar de cambiarlo. Quizá seamos conscientes de pensamientos que no nos agradan especialmente, o bien detectemos tensión en determinadas zonas del cuerpo. Esta fase del ejercicio no tiene que ver con hacer ninguna cosa con la experiencia, sino tan solo con reconocer lo que está ahí. Repite: «Es bueno para mí tener este pensamiento. Me está permitido sentir de esta manera. Está bien que esté tenso». Eso puede proporcionarte un alivio considerable.

En el segundo paso, la práctica consiste en cobrar consciencia de nuestras inspiraciones y espiraciones. Normalmente, esto ayuda a estabilizar la respiración y a mejorar la capacidad para centrar nuestra atención en el presente, aunque nuestros pensamientos tiendan a divagar. Durante unos momentos nos permitimos interrumpir el flujo de la actividad constante y cabalgar las olas de la respiración, es decir, la inspiración y la espiración y las pausas entre ambas, así como las sensaciones que experimentamos al llevar a cabo el ejercicio.

El tercer paso contribuye a ampliar nuestra perspectiva, experimentar la relajación mental y retomar nuestras tareas cotidianas con una energía fresca y renovada. En esta etapa, permitimos que nuestra consciencia cambie desde la observación de nuestros pensamientos hasta experimentar la totalidad de nuestro cuerpo. Al hacerlo, sentimos una espaciosidad, tanto interior como exterior, que nos ayuda a observar las cosas desde una perspectiva más amplia.

Este ejercicio es más eficaz si se practica regularmente. Durante dos semanas, intenta que el ejercicio del espacio de respiración sea la primera cosa que hagas cada día después de volver a casa del trabajo o de la escuela. También es posible que prefieras practicar el ejercicio por la mañana, antes de salir de casa o cuando llegas a la oficina, antes de poner en marcha el ordenador. Experimenta buscando maneras de integrar la respiración en tu vida cotidiana y observa si suponen alguna diferencia, si es que hay alguna, para ti.

Angelika, que trabaja en un hospital, describe los efectos del ejercicio del espacio de la respiración del siguiente modo:

Siempre que advierto que el estrés en la sala está robando lo mejor de mí –o, dicho con otras palabras, cuando empiezo a correr como un pollo sin cabeza, a olvidar las cosas y pensar repetidas veces, «¡No puedo afrontar esto! ¿Cómo demonios se supone que debo hacer todo este trabajo en un día?»–, recuerdo el ejercicio de la respiración. Entonces me refugio en el baño durante unos minutos, donde puedo practicar sin ser molestada. Después, cuando regreso a la sala, veo la situación de forma diferente. Estoy más relajada y soy capaz de hacer una cosa cada vez. Las situaciones discurren mejor y hago todas las cosas que antes creía que eran demasiado difíciles de llevar a cabo. E incluso si hay algo que hacer para lo que no encuentro el momento, soy capaz de permanecer tranquila, sabiendo que puede esperar hasta mañana.

Cuando el estrés se convierte en un hábito

Hay otra razón por la que el estrés es un problema en la sociedad actual y por la que tantas personas padecen sus efectos. La respuesta de estrés pone al cuerpo en estado de alerta e inicia la reacción de lucha o huida antes descrita, es decir, un estado muy intenso en el que, con el propósito de luchar o huir, cada uno de nuestros nervios está programado para lanzarse a la acción. Pero, si bien esta reacción primitiva nos resultó útil en el pasado lejano, cuando luchábamos por nuestra supervivencia, rara vez es necesaria en la actualidad. De hecho, esa reacción es completamente inadecuada en la mayoría de las situaciones. Como regla general, aunque los factores de estrés moderno son menos amenazadores para la vida y la integridad física, tienen un poderoso efecto sobre nuestra autoestima y condición social, así como sobre nuestra necesidad de respeto, aceptación, atención y amor. Cuando negamos las dificultades y evitamos enfrentarnos a nuestros temores, tratamos, en un nivel psicológico, de escapar aparentemente de las situaciones desesperadas.

Los estresores sociales o emocionales desencadenan exactamente la misma respuesta de lucha o huida que las situaciones físicas reales que entrañan peligro. ¿Pero qué sucede con la predisposición física que experimenta el cuerpo (aumento de tensión muscular, etcétera) cuando no se producen la lucha o la huida? La reacción de estrés se enfoca entonces hacia el interior y terminamos internalizándola en nuestro cuerpo. Si no encontramos la manera de aliviar esta situación de estrés agudo, se vuelve crónica y puede revestir graves consecuencias para nuestra salud, incluida la tensión permanente, problemas cardiovasculares, presión arterial alta, agitación interna, bajo estado de ánimo, ansiedad o depresión.

El estrés forma parte de nuestra realidad cotidiana. Debido a que no solemos dar ninguna salida saludable a esta energía y los sentimientos que la acompañan, las hormonas permanecen en nuestro torrente sanguíneo, en lugar de ser absorbidas como lo harían en la respuesta de lucha o huida. Como ya hemos comentado, ese estado en el que mantenemos encapsulada la respuesta de estrés (en lugar de luchar o huir) se ve reforzado –y, de alguna manera, esperado– por nuestra sociedad. Comportamientos tales como comprender nuestros sentimientos, reconocer nuestras debilidades y disfrutar de periodos adecuados de descanso que nos ayuden a lidiar con el estrés reciben escaso apoyo por parte de la sociedad, en especial en el lugar de trabajo y en los entornos educativos.

Cuando el trabajo es lo más
importante en la vida

Las personas que disfrutan de su trabajo y lo consideran una manera de fortalecer su autoestima y su sensación de logro pueden lanzarse a trabajar hasta el punto de perderse en él. Esta situación, descrita en detalle por los psicólogos Zindel V. Segal, J. Mark G. Williams y John D. Teasdale en su libro *Terapia cognitiva basada en el mindfulness para la depresión* (2002, 2012), también ha sido investigada por la profesora Marie Asberg, del Karolinska Institutet de Estocolmo. Ella ha demostrado que, cuando nuestras vidas son estresantes, tendemos a dejar de hacer las cosas que normalmente permitirían aliviar dicho estrés.

Podemos, por ejemplo, dejar de ir al cine, de ver a nuestros amigos o de dedicar tiempo a nuestras aficiones. En consecuencia, nuestra vida se torna cada vez más reducida, hasta que todo lo que nos queda es el trabajo o los otros factores de estrés que nos roban nuestra energía y nuestra motivación. Al mismo tiempo, es posible desarrollar síntomas como desánimo, apatía, sentimiento de culpa, trastornos del sueño, cambios de humor e incluso depresión. Y no solo eso, sino que la profesora Asberg ha puesto de manifiesto que las personas más afectadas por esta disminución de la calidad de vida son las más concienciadas y comprometidas con su trabajo, cuya autoestima depende fundamentalmente de su éxito profesional, o aquellas que, dicho en otras palabras, nuestra sociedad considera más eficientes y realizadas. Así pues, la investigación de Asberg muestra que no son solo el desempleo y la tensión en el entorno laboral los que tienen efectos adversos sobre la salud. Cuando no somos conscientes y no equilibramos las tensiones que generan en nosotros, una carrera de éxito y la satisfacción inicial que conlleva pueden ser igual de perjudiciales.

Si esperamos a que aparezcan los síntomas del estrés crónico –trastornos del sueño, presión arterial elevada, apatía, pérdida de memoria, problemas digestivos, predisposición a contraer infecciones o incluso un ataque al corazón–, nuestro cuerpo se encontrará ya tan debilitado que podría tardar varias semanas, meses o incluso años en recuperarse, si es que lo consigue.

Con frecuencia, el colapso físico o emocional se ve precedido por estrategias «nocivas» de afrontamiento, incluido el consumo excesivo de sustancias adictivas como café, alcohol, tabaco, o incluso medicamentos con receta, los cuales inicialmente tienen un efecto calmante, pero resultan, a la larga, destructivos una vez que la adicción entra en acción. La gestión eficaz del estrés exige estrategias y hábitos que nos apoyen en el tratamiento a corto plazo de las presiones y tensiones sin permitirles convertirse en factores de estrés crónico que terminen dañándonos. Al mismo tiempo, debemos dar prioridad al desarrollo de un estilo de vida que nos haga estar en contacto con nuestras necesidades y con nosotros mismos de manera consciente, garantizando el delicado equilibrio entre tensión y relajación.

De qué modo el mindfulness puede ayudar con el estrés

Podemos reducir el estrés mediante el mindfulness aprendiendo a reconocer los factores estresantes y las reacciones de estrés. Esto implica efectuar una pausa atenta durante nuestras actividades, de modo que podamos tomar decisiones conscientes.

Cuando introducimos el mindfulness en procesos que normalmente son automáticos, esta acción en sí es saludable porque nos ayuda a ampliar nuestra percepción. En otras palabras, en el mismo momento en que percibimos que no somos conscientes, estamos, de hecho, practicando el mindfulness.

Este principio también es aplicable a la experiencia del estrés. Cuando alguien dice: «Estoy estresado» y efectúa una pausa para cobrar consciencia de la sensación física de la respiración, ya ha puesto fin a la reacción automática y dado el primer paso para responder a la situación de manera distinta. Una vez que aprendemos y practicamos el mindfulness, desarrollamos la habilidad de observar y reflexionar de manera atenta. La consciencia y la observación carente de juicios contribuyen a crear más espacio mental y emocional para nuestras acciones, y esto propicia la adopción de modos más eficaces de afrontar cualquier situación o problema. De esa forma, las decisiones no surgen en el modo de piloto automático –subconsciente, esquemas habituales– y nuestra respuesta deja de ser mecánica para pasar a ser más creativa.

Un ejemplo de elección consciente para mitigar el estrés de una determinada reacción es el proporcionado por Kathrin en la tercera sesión del curso de MBSR. Ella comentó que se había dado cuenta de que, cuando subía a su coche, ponía en marcha automáticamente la radio sin que pasase ni un minuto y que no siempre era bueno para ella. Había hecho eso durante años sin reparar en ello.

La semana pasada me metí en el coche y puse la radio sin ser consciente de hacerlo. Había tenido un día duro en la oficina y me encontraba emocionalmente vacía y agotada. Estaba preocupada por las compras que aún tenía que hacer, por una reunión de la asociación de padres y por si mi marido asistiría a ella o tendría que ir yo en su lugar. Al mismo tiempo, pensaba que todavía tenía que comprar el regalo de cumpleaños para mi madre. De repente, sentí una presión desagradable en mi estómago, seguida de acidez estomacal, y me di cuenta de que estaba dando golpecitos nerviosos en el volante. Al parar en un semáforo, sentí una oleada de rabia.

Esto me llevó a mis sentidos. Me acordé del curso de mindfulness y lo que había aprendido en él. Entonces recobré la compostura y focalicé conscientemente la atención en la respiración. En silencio, di las gracias a la luz roja que me había obligado a detenerme y hacer una pausa para pensar. Y, mientras reflexionaba preguntándome: «¿Dónde está mi consciencia ahora? ¿Qué sensaciones experimento en mi cuerpo en este momento?», me di cuenta de que, en realidad, no me gustaba la música que sonaba de fondo. No estaba de humor para más estímulos sensoriales; lo que necesitaba era paz y silencio. Eso fue algo que me quedó claro en aquel momento de mindfulness.

Cuando apagué la radio, me sentí diferente de inmediato. Efectué unas cuantas respiraciones profundas y seguí mi camino, mucho más tranquila y relajada.

Desde entonces –nos dijo Kathrin–, ya no pone la radio mientras está en el modo de «piloto automático», sino que solo lo hace cuando realmente quiere escucharla, que es mucho menos a menudo de lo que solía creer. Y, cuando la pone en marcha, disfruta conscientemente de la música o del programa que estén transmitiendo. Este caso ilustra lo que entendemos por «efectuar una elección consciente».

Nuestro ejemplo podría dar la impresión de que el mindfulness tan solo es otra técnica para afrontar situaciones estresantes: solo tienes que ser «un poco más consciente» y entonces todo funcionará mejor. Sin embargo, eso no es en absoluto lo que significa el mindfulness. De hecho, si el mindfulness se practica de forma regular, tiene el potencial de transformar radicalmente la calidad de nuestra vida cotidiana.

El estrés, las reacciones de estrés y los síntomas del estrés

- El estrés es un suceso dinámico cuyos efectos difieren considerablemente dependiendo de cada individuo.
- Debemos establecer una distinción entre los desencadenantes del estrés (factores del estrés) y las reacciones de estrés.
- La reacción de estrés se produce en cuatro niveles: fisiológico, emocional, mental y conductual.
- Afrontar adecuadamente el estrés mediante la activación de la respuesta de estrés requiere que lo abordemos en todos los niveles: fisiológico, emocional, mental y conductual.
- La reacción fisiológica de estrés –lucha o huida– es una respuesta evolutiva activada automáticamente por un factor estresante.
- La intensidad de la reacción de estrés depende en gran medida de nuestra evaluación –consciente o inconsciente– de la situación estresante y de los pensamientos amplificadores del estrés.
- Las habilidades y recursos que nos atribuimos para relacionarnos con el estrés desempeñan un papel igualmente importante en el modo en que este nos afecta.
- La negación y la represión no son útiles en este sentido.
- La negación y la represión no reducen la reacción de estrés. En su lugar, a menudo abocan a una situación de estrés crónico.

Cómo sobrellevar el estrés: la respuesta de estrés

- Una respuesta eficaz al estrés requiere un equilibrio entre actividad y relajación, en el sentido tanto de relajarse físicamente (por ejemplo, haciendo ejercicio) como mentalmente (por ejemplo, practicando meditación).

- Al mismo tiempo, es importante que seamos conscientes de los pensamientos amplificadores del estrés y de los sentimientos concomitantes, para encontrar una manera de salir de la espiral del estrés. Aquí es donde el mindfulness puede ser de inestimable ayuda.

- La práctica del mindfulness crea un espacio entre el desencadenante del estrés y la reacción de estrés, dado que interrumpe el proceso de funcionamiento en piloto automático y la pérdida de contacto con el momento presente, lo cual nos permite efectuar una elección ponderada y consciente, en lugar de reaccionar de manera automática e inconsciente.

SEGUNDA PARTE

El curso MBSR de ocho semanas

4. El principio del viaje: la brújula del mindfulness

Antes de pasar a explorar, semana a semana, el curso MBSR, nos gustaría presentar algunas actitudes que creemos son parte fundamental de la práctica del mindfulness. Estas actitudes constituyen cualidades esenciales que nos ayudan en la práctica de vivir con atención y que pueden enriquecer nuestra vida de manera significativa. Cada una de ellas ofrece un campo de exploración que nos invita, a veces con cierta urgencia, a abrirnos, profundizar, expandirnos y crecer.

Cuando viajamos a un lugar que nunca hemos visitado antes, muchos de nosotros compramos guías y las estudiamos con cuidado. Una sección de una guía que es especialmente útil explica las costumbres del sitio que vamos a visitar. Por ejemplo, en algunas zonas del sur de Europa, las tiendas cierran por la tarde para una larga siesta, y la cena suele hacerse a las nueve de la noche o incluso más tarde. Esta información nos ayuda a adaptarnos a la nueva cultura, minimizando los inconvenientes. Sin embargo, existe una gran diferencia entre conocer y experimentar realmente un nuevo lugar. Estar prevenidos no significa que no vayamos a encontrar dificultades. Por ejemplo, a pesar de que sabemos que las tiendas cierran entre las dos y las cinco de la tarde, todavía podemos sentirnos contrariados si tenemos un intenso dolor de cabeza a las dos y media, por ejemplo, y no podemos comprar un analgésico porque la farmacia está cerrada.

Inscribirse en un curso de MBSR se parece a planificar un viaje, y para ayudarte a llevar a cabo el viaje nos gustaría presentar lo que llamamos la brújula del mindfulness. Los puntos cardinales de nuestra brújula corresponden a las actitudes o perspectivas que pueden ayudarnos, e incluso desafiarnos, cuando emprendemos la práctica del MBSR. En cualquier momento durante el curso, nos encontraremos moviéndonos hacia alguno de estos puntos de orientación.

El MBSR es, en realidad, un camino para volver a nuestro hogar, a nosotros mismos. Pensemos en las historias proverbiales contadas de muchas maneras diferentes –como *El mago de Oz*, por ejemplo– acerca de las personas que viajan a un lugar distante en busca de algo, solo para descubrir, al volver a casa, que ya lo tenían todo el tiempo. Volver al hogar significa, en el contexto del MBSR, arribar, en el momento actual, al tesoro que estábamos buscando. El momento presente es el único en el que podemos actuar y tomar decisiones. No obstante, es posible, cuando resulte necesario, reflexionar de manera consciente, ya sea en el pasado o en el futuro, pero sin perdernos en ninguno de ellos.

El momento presente es un momento de abundancia. Si bien puede verse colmado de comodidad, desafíos o ambos a la vez, siempre conlleva, con independencia de que nos resulte agradable o desagradable, una sensación de vitalidad y de potencial para efectuar elecciones conscientes. El modo en que abordamos y habitamos cada segundo… cada respiración… y el modo en que abordamos y habitamos nuestra vida son la esencia del viaje del mindfulness.

No es fácil

Cualquiera que haya intentado cambiar un hábito sabe que no se puede hacer de repente. Cuanto más arraigado esté el hábito, más difícil será trabajar con él. Modificarlo o cambiarlo es algo que implica esfuerzo, perseverancia y atención. *No es fácil.*

La frase *no es fácil* se ha convertido casi en un tabú en nuestra sociedad. Los programas para el desarrollo personal, la pérdida de peso, el manejo de la ira, el éxito en los negocios o la crianza de los hijos y similares suelen tratar de enmascarar la verdad de que para crecer, cambiar o mejorar se requiere motivación, dedicación y compromiso. Si los libros de autoayuda fuesen honestos, deberían incluir muchas palabras como *esfuerzo*, *tiempo* y *perseverancia*, ¡y no solo en la letra pequeña!

Participar en un curso de MBSR exige que practiquemos en casa cada día durante una hora utilizando los cedés de los ejercicios formales –tales como el yoga, el escáner corporal o la meditación sedente–, así como llevar a cabo actividades informales o, en ocasiones, completar en nuestro diario entradas

sobre un determinado tema. Una pregunta que muchos participantes potenciales plantean es la siguiente: «¿Pero qué ocurre
si surge un imprevisto en el trabajo, o cualquier otra cosa, que
me impida practicar ese día?». Esta es una pregunta razonable,
pero a menudo al suscitar esa cuestión, ya estamos buscando la
salida antes de haber entrado en la habitación o, dicho de otro
modo, nos hemos despedido antes de decir hola.

Nadie puede conocer el futuro. Nadie puede decir lo que va
a ocurrir durante la próxima semana que nos impida practicar
en casa. Al mismo tiempo, la práctica del mindfulness nos anima a reflexionar y estar en contacto con las diversas emociones o pensamientos que surjan y también a estar en contacto,
lo mejor que podamos, con nuestras motivaciones. Así pues,
en lugar de repartir culpas, lo que hacemos es reflexionar con
amabilidad, y también con claridad, sobre lo que pueda surgir
para trabajar con ello tan abiertamente como nos sea posible.
En clase, hablamos sobre el modo de mantener la práctica, incluso si no la llevamos a cabo formalmente, y se nos anima a
examinar dentro de nuestras posibilidades cómo saboteamos o
desmotivamos nuestra propia práctica en el caso de que reac-
cionemos con dureza si padecemos algún «contratiempo».

En ocasiones, se producen en la clase debates animados
–y, a veces, difíciles– relacionados con el tema de la práctica.
Al mismo tiempo, hay un ambiente de reflexión y de compromiso para trabajar con todo lo que se manifieste. También
subrayamos que, en aquellas situaciones en las que la práctica
formal no resulta posible, la práctica informal también es de

vital importancia y contribuye a que sigamos practicando con integridad el mindfulness.

Es fácil formular declaraciones acerca de cuánto queremos cambiar o llegar a comprender nuestra conducta. Lo que no resulta tan fácil es permanecer comprometidos y en el buen camino cuando tenemos que afrontar todo tipo de circunstancias y retos. Sin embargo, lo que está claro es que, cuanto más nos comprometemos a permanecer con nuestra experiencia y con lo que surja, el tema de «no es fácil» pierde importancia y, sencillamente, nos ponemos a practicar.

Disposición

Durante la entrevista previa al curso MBSR, Robert señaló:

–No sé si tengo el tipo de disciplina requerida para mantenerme al día con el programa.

–¿Puedes explicarme lo que entiendes por *disciplina*? –le pregunté yo (Linda).

–Bueno, es obvio, ¿no es así? No sé si puedo cumplirlo. Me temo que, cuando suene el despertador, voy a hacer lo que hago siempre. Me daré la vuelta y volveré a dormirme –respondió Robert mirándome de soslayo y arqueando una ceja.

–Este curso no tiene nada que ver con la disciplina –le respondí desafiándolo.

–En ese caso, ¿por qué se habla tanto de practicar en casa todos los días y de ser consciente en la vida cotidiana? –exclamó Robert–. Suena como si tuviese que hacer algo todo el tiempo. Eso es trabajo, y el trabajo exige disciplina.

Entonces exploramos juntos cómo la palabra *disciplina* suele asociarse con una voluntad férrea y con la capacidad de dirigirnos a nosotros mismos, incluso de obligarnos a llevar a cabo una tarea. Mi sugerencia es que la palabra *voluntad* es una manera más fructífera de concebir lo que puede, en este contexto, significar la *disciplina*. La voluntad es la actitud que nos apoya en la práctica del mindfulness. Es la disposición a orientarnos hacia las dificultades, en lugar de apartarnos de ellas, y tiene que ver con el compromiso de intentar ser conscientes de lo que hacemos mientras estamos haciéndolo. Charlotte Joko Beck, conocida maestra de meditación Zen, escribe en *Zen día a día*: «La disciplina tiene la connotación para algunos de nosotros de obligarnos a hacer algo. Pero la disciplina consiste simplemente en llevar toda la luz que seamos capaces de soportar a nuestra práctica, con el fin de ver con un poco más de claridad».[16]

Despertar el espíritu de la voluntad es un paso decisivo en la dirección de emprender una acción consciente, en lugar de limitarnos a reaccionar. Si queremos hacer algo de manera diferente, primero tenemos que ser conscientes *de lo que* estamos haciendo. Solo entonces podremos ponernos en contacto con todos los matices de una situación, es decir, las sensaciones, los pensamientos y las emociones presentes, sin intentar suprimir o cambiar ninguna de ellas.

Observar –es decir, estar en contacto con todos los pensamientos y las emociones que surgen cuando nos hallamos en una determinada situación– es un elemento clave del mindfulness. Antes de estar en condiciones de cambiar un determinado comportamiento, tenemos que llegar a ser conscientes de lo que estamos haciendo. Cuando estamos dispuestos a respetarnos a nosotros mismos, podemos aprender mucho en el proceso. Tomemos, por ejemplo, la experiencia de Robert de no querer levantarse cuando suena el despertador. Él ignora la alarma y se gira para volver a dormirse. Muchos de nosotros podríamos hacer lo mismo. Pero, si somos conscientes, advertiremos que quizá tenemos una razón para no querer levantarnos. Tal vez hemos tenido que trabajar hasta tarde, hemos pasado una mala noche, o hemos cenado demasiado y nos hemos acostado completamente atiborrados, lo que nos ha impedido dormir bien.

A continuación, debemos prestar atención a nuestros pensamientos. Un pensamiento que puede surgir es el siguiente: «Quizá cometí un error al planificar la práctica de esta mañana. Después de todo es domingo y este es normalmente un día de descanso. ¿No es cierto?».

La actitud que soporta la voluntad es la decisión consciente de permanecer presentes en la situación, en lugar de inhibirnos y permitir que todo se acelere como si los frenos estuviesen estropeados. En este caso, podríamos efectivamente darnos la vuelta para retomar el sueño, pero si estamos plenamente en contacto con nuestra decisión, esa no será una reacción inconsciente, sino una elección consciente. Este es el regalo que nos ofrece la práctica de la voluntad.

Tan solo sigue adelante

En la proverbial historia acerca de alguien que busca un tesoro por todos sitios para luego descubrirlo en el patio de su casa, las dificultades del viaje –sortear montañas, vadear ríos y caminar por terrenos pedregosos– desempeñan un papel importante. Pensemos en Dorothy, en *El mago de Oz*, y todos los obstáculos que afronta antes de descubrir que «no hay lugar como el hogar». A lo largo del viaje, el viajero, al igual que Dorothy, sigue adelante, aunque cada reto le ofrezca una razón convincente para volver atrás.

Habrá ocasiones en un curso de MBSR en las que te preguntes de entrada por qué has emprendido este viaje. Te parecerá que no vas a ninguna parte, o que los obstáculos son demasiado abrumadores. También puedes sentir como si te movieses en la dirección equivocada o incluso hacia atrás. En ese punto, es completamente comprensible que agites tu brújula para ver si funciona, o pienses en cancelar el viaje y tomar el primer vuelo de regreso a casa.

Durante la entrevista o reunión orientativa que precede al curso MBSR, recordamos a los participantes que la decisión de llevar a cabo las ocho semanas en su totalidad es enteramente suya. Cuando aparece el pensamiento de que no tiene sentido en absoluto seguir adelante, exactamente en ese momento es importante volver a asumir el compromiso. Hay poder y presencia en recordarnos nuestra intención de concluir el viaje que hemos emprendido, no porque la meta sea la única cosa importante, sino porque las paradas en el camino, y no solo llegar al final, también forman parte del viaje. De ese modo, si nos sentimos atascados, observamos ese bloqueo… y simplemente seguimos adelante.

No te preguntes por qué…
al menos no ahora

Preguntar por qué suele ser algo muy importante. Sin embargo, en lo que concierne a la práctica del mindfulness preguntar por qué se parece a conducir por una calle que vuelve sobre sí misma. Cuando empezamos, puede parecernos que vamos a algún lugar, pero al final descubrimos que solo estamos dando vueltas y más vueltas.

Estamos acostumbrados a preguntar y muchas veces se nos anima a preguntar el porqué de las cosas. Lo hacemos en la escuela, en la ciencia, en los tribunales y en otros muchos contextos. En todas estas situaciones, es apropiado plantear preguntas y tratar de responderlas, pero en la práctica del mindfulness solemos preguntar por qué antes de haber tenido la oportunidad de valorar realmente lo que está sucediendo, o de comprender dónde nos hallamos. Buscar una respuesta nos mantiene ocupados y contribuye a erigir una barrera para tratar de no experimentar la confusión o el hecho de que no tenemos respuesta para todas las preguntas.

En la práctica del mindfulness, el porqué realmente no es una pregunta, sino un pensamiento que surge repetidamente y que solo conduce a más pensamientos. Rara vez se traduce en una solución eficaz a nuestros problemas, en especial durante las primeras etapas de nuestra formación.

¿Quiere eso decir que nunca debemos tratar de encontrar la causa de una situación o la solución a un problema? Por supuesto que no, y a menudo surge el temor de ir a la deriva sin el faro del «porqué».

La manera más útil de trabajar con esa pregunta en las primeras etapas de la formación en el mindfulness consiste en reconocer que está ahí, pero sin intentar responderla. Observa tu tendencia a exigir una explicación, o la sensación de inseguridad que suscita la pregunta, y simplemente permite que esté presente sin hacer nada al respecto.

Amabilidad y ternura

Al principio de los primeros nueve meses de entrenamiento en el mindfulness en nuestro instituto, pedimos a los participantes que escriban sus objetivos personales para el curso. Recopilamos las respuestas y se las devolvemos en el último encuentro. Y, entonces, les pedimos que reflexionen en cómo se comportaban al principio de la formación y en qué punto se encuentran ahora.

Los comentarios expresados con más frecuencia en el grupo suelen tener que ver con la dureza con que los participantes se tratan a sí mismos al principio del programa, es decir, con lo exigentes, duros, fríos e implacables que son acerca de los objetivos que se fijan para sí mismos. Una mujer dio en el clavo cuando afirmó: «Nunca elegiría conscientemente tratar a alguien de la forma en que me trataba a mí misma».

En su libro *Encuentros en la orilla*, Stephen Levine, maestro de meditación y experto en la muerte y los moribundos, escribe: «La bondad hacia nosotros mismos puede ser el camino más difícil que nunca hayamos recorrido, puesto que ese tipo de autocompasión está muy poco explorado y recibe escaso apoyo».[17]

La amabilidad con uno mismo es un sentimiento extraño para muchos de nuestros estudiantes. Algunos nos dicen que no tienen derecho a aspirar a ello para sí mismos, dado que la bondad solo se expresa con otras personas, mientras que otros identifican la amabilidad consigo mismos con la debilidad. Después de todo, cualquier cosa que merezca la pena tiene que ser dura de conseguir… ¿no es cierto?

La amabilidad es un raro don que muy pocas veces nos concedemos a nosotros mismos. De hecho, suele ser algo que creemos que tenemos que ganarnos. La amabilidad con uno mismo también se convierte en una mercancía que utilizamos para negociar. Por ejemplo, antes de permitirnos un descanso, podemos obligarnos a trabajar hasta el punto del agotamiento.

Quizá una de las cosas menos bondadosas que hacemos en este sentido sea intentar cambiarnos a nosotros mismos porque pensamos que hay algo negativo en nosotros. Podemos obsesionarnos con nuestros defectos e incluso volvernos adictos a la idea de la superación personal. Afirmar «No hay nada fundamentalmente erróneo en mí» suena como una mentira, una farsa o un autoengaño. Lo que nos impide, pues, aceptar nuestra bondad intrínseca es la actitud dura y crítica que albergamos hacia nosotros mismos, una actitud que, si bien puede ser percibida por otras personas, suele pasar desapercibida para nosotros.

Una de las consecuencias más destructivas de esta actitud es decir a otros (o a nosotros mismos) que hay algo malo en ellos como una forma de motivar el cambio. La mayoría de las investigaciones sobre el optimismo y la motivación en el comportamiento, tales como el trabajo del psicólogo positivo Martin Seligman, muestran repetidamente que prosperamos con elogios y palabras amables y que las críticas duras, injustas y personalmente motivadas son una forma de violencia emocional, sobre todo cuando las interiorizamos y se convierten en nuestros críticos más despiadados.

Muchos de los participantes en el curso de MBSR señalan que el cultivo de la amistad hacia uno mismo, y la oportunidad de experimentarla, son uno de los aspectos más importantes del curso. Ese tipo de bondad les permite abrir sus corazones a sí mismos y les ayuda a fomentar una nueva perspectiva.

Durante el curso, se introduce a veces una meditación guiada acerca de ser amables con nosotros mismos. Las respuestas de los participantes del curso pueden ser muy emotivas. Una vez que concluye la meditación, la sala rebosa ternura –amabilidad– y a menudo brotan las lágrimas. Linda lee con frecuencia una cita de Pema Chödrön, monja estadounidense muy respe tada en la tradición tibetana y maestra de meditación, quien escribe en su libro *La sabiduría de la no evasión*: «La práctica de la meditación no tiene que ver con tratar de eliminarnos a nosotros mismos para convertirnos en algo mejor, sino que consiste en hacernos amigos de lo que ya somos». Son muchas las personas en el grupo que asienten ante estas sabias palabras que llaman nuestra atención sobre la amabilidad y la ternura hacia nosotros mismos. A medida que avanza el programa, exploramos este tema en todos sus aspectos.

No resistirse a la resistencia

Otra cosa que aparece en algunos participantes del curso MBSR es la sensación de resistencia, la cual expresan de diferentes maneras: no asistiendo a clase, no llevando a cabo la práctica asignada para casa, ignorando deliberadamente las instrucciones, criticando el programa, o formulando preguntas que no proceden de la necesidad de conocer, sino de un lugar de rebelión.

La resistencia puede resultar muy convincente, haciendo que nos parezcan lógicas todo tipo de argumentaciones. Sin embargo, si prestamos la debida atención, escucharemos el miedo debajo de las palabras. Muchas veces, la resistencia se manifiesta porque tenemos miedo a cambiar, pudiendo estar relacionada con algo que esté ocurriendo, con nuestras relaciones personales e incluso con la relación con nosotros mismos.

Encontrar resistencia, y no actuar a partir de ella, no significa que debamos negar la necesidad de tomar medidas contra la injusticia, el abuso o cualquier otro tipo de conducta destructiva. En el contexto del mindfulness, más bien nos referimos al tipo de resistencia que se manifiesta cuando tenemos ganas de tirar del freno de emergencia porque nos estamos moviendo en una dirección desconocida, aunque no necesariamente peligrosa.

La resistencia consume una gran cantidad de nuestra energía mental y emocional. Como un guardia de seguridad estacionado en una entrada con órdenes estrictas de no dejar que nadie entre o salga, la resistencia puede crear un bloqueo emocional, no permitiendo que nada cambie en ninguna dirección.

La práctica de aplicar el mindfulness a la resistencia consiste sencillamente en permanecer con ella, sin intentar deshacernos de ella, modificarla, informarla o suprimirla, sino simplemente dejando de alimentarla y permitiéndola ser. Portamos nuestra resistencia del modo más cuidadoso y tierno posible y permitimos que esté presente junto al resto de los elementos que forman nuestra vida.

No importa cómo se manifieste la resistencia, por lo general tiene que ver con negar el momento presente. Y, al sugerir el modo de abordar la resistencia, yo (Linda) diría que no es diferente a la forma en que trataríamos a un bebé que atraviesa los «terribles dos años», es decir, esa etapa en la que, sin importar lo que se le sugiera, es muy probable que el pequeño responda siempre con una negativa. Imagínate que debes ir en una dirección y que tu hijo tiene la intención de ir en otra. No sirve de ayuda discutir con el niño o gritarle «no» en respuesta a su negativa. Es más útil decir algo así como: «Entiendo que quieras ir al parque, pero tenemos que llegar al supermercado antes de que cierren». Luego lo tomas de manera suave, pero firme, de la mano, llevándolo en la dirección en que debes ir, no arrastrándolo, sino avanzando de manera tan decidida como amable.

La resistencia es una reacción emocional que forma parte de la práctica del mindfulness. Dejarle espacio y permitirnos estar presentes a nuestra propia resistencia es un ejercicio tan poderoso como esclarecedor. No tenemos que resistirnos a la resistencia. Si nos dirigimos con amabilidad hacia ella, puede ayudarnos a mantenernos presentes y a aceptar lo que podamos aprender de nosotros mismos para llevar una vida consciente.

Expectativas

Hay una verdad indiscutible en las expectativas: ¡todo el mundo las tiene! Cuando llegamos a una clase de MBSR, esperamos que el aprendizaje del mindfulness nos ayude a lidiar con el estrés que hay en nuestra vida. Esperamos que el instructor sea favorable a nuestro proceso. Esperamos aplicar las lecciones a nuestras circunstancias.

Basándose en la descripción del programa, estas son cosas razonables de esperar. También es razonable la comprensión de que los cambios rara vez suceden instantáneamente o sin ejercer un mínimo esfuerzo por nuestra parte. La pregunta entonces es la siguiente: ¿Podemos equilibrar nuestras expectativas con una dosis de realidad y con el respeto por el modo en que son las cosas?

Las expectativas son bastante engañosas. Aunque nos parezcan razonables, se transforman rápidamente en deseos, esperanzas y fantasías… y queremos que todas ellas se cumplan, ¡cuanto antes mejor! De hecho, se convierten en anhelos, incluso en antojos, a los que nos apegamos y que controlan nuestro comportamiento y nuestra vida, y buena parte de lo que hacemos puede estar enfocado a satisfacerlos.

Mary, que padecía dolor en su rodilla izquierda y se enfrentaba a una nueva intervención quirúrgica, dijo lo siguiente acerca de sus expectativas: «Cuando empecé el programa MBSR, albergaba la gran expectativa de que mi dolor mejorase o, al menos, de que no me molestaría demasiado. Cuando llegué a la cuarta semana, estaba muy preocupada, porque las cosas no estaban ocurriendo de la manera en que debían». Mary se detuvo durante unos instantes y luego añadió:

Si solo se tratase de deshacerse del dolor, debería decir que no he visto satisfechas mis expectativas; pero han sucedido otras cosas que nunca imaginé. De hecho, empecé a salir y hacer cosas que antes no hubiera hecho. Por ejemplo, dedico más tiempo a apreciar lo hermosas que están las flores en mi jardín. Me gusta sentarme en él por la noche y contar las estrellas. Antes, estaba tan inmersa en mi dolor que me perdía el resto de mi vida.

Los comentarios de Mary apuntan a uno de los aspectos más perjudiciales de insistir en que se cumplan nuestras expectativas, es decir, excluir de nuestra vida las cosas que no coinciden con ellas.

En la práctica del mindfulness, aprendemos que ser conscientes, e incluso intimar con nuestras expectativas, es el camino más útil para mitigar sus efectos controladores. Percibir las expectativas como lo que son, del modo más amable y amistoso posible, nos permite respetarlas y, al mismo tiempo, fundamentarlas en un punto de vista más realista.

Eso no significa que debamos desarrollar una actitud de resignación, que tengamos que renunciar a algo o a alguien, o que no cuidemos de nosotros mismos lo mejor que podamos. Uno de los regalos que nos hace la práctica del mindfulness es aceptar que las expectativas pueden ser el camino a la verdadera compasión hacia nosotros mismos. Honramos nuestra humanidad y nuestras esperanzas y deseos, permaneciendo asentados en el hecho de que no podemos controlar nuestra vida o nuestras circunstancias. No importa cuáles sean las expectativas que alberguemos porque, en cierto modo, ocurrirá lo que tenga que ocurrir; y podemos ejercer nuestros mejores esfuerzos para acompañar a esa realidad de la manera más consciente, amable y vital que nos resulte posible.

Es positivo ser imperfecto

No ser perfecto no solo es positivo, sino que escucharlo supone, para muchos de los participantes en los cursos de MBSR, un inmenso alivio. ¿Por qué motivo?

El afán de perfección ha dado como resultado increíbles inspiraciones y obras de arte, pero también ha creado un mito de la excelencia que ha convertido en un infierno la vida moderna. Anhelamos relaciones perfectas, casas perfectas, coches perfectos, trabajos perfectos y vidas perfectas. Todo se compara con un ideal que invariablemente se queda corto porque la vida no es perfecta. La vida cambia y se transforma; nada puede seguir siendo igual para siempre. La vida es caótica, sucia y llena de contratiempos, así como recta, impoluta y perfectamente ordenada. Puede ser exquisitamente hermosa, dolorosamente horrible y todo lo que hay entre ambos extremos.

En la práctica del mindfulness, puedes oír «es perfecto» o «está bien», algo que resulta confuso al principio, ya que contradice lo dicho en el párrafo anterior, pero perfecto o bien se refieren, en este caso, a la sensación de que cada cosa y cada persona son únicas y de que, en lugar de esforzarnos por alcanzar una perfección que no existe, tratamos de respetar la integridad de algo exactamente tal como es.

Un día uno de los alumnos de un curso de MBSR trajo el siguiente artículo, que me entregó diciendo las palabras: «Está bien no ser perfecto».

El violín roto

Este artículo apareció en el *Houston Chronicle* el 10 de febrero del año 2001. Sin embargo, existen ciertas dudas en cuanto a si el suceso ocurrió realmente. Sea cual sea su veracidad, la historia se ha difundido como parte de la tradición conocida como leyendas urbanas, es decir, historias que calan en la imaginación popular y suelen convertirse en virales, aunque, de hecho, probablemente nunca hayan ocurrido.[18]

El 18 de noviembre de 1995, el violinista Itzhak Perlman salió, para dar un concierto, al escenario en el Avery Fisher Hall, en el Lincoln Center de Nueva York. Si alguna vez han asistido a un concierto de Perlman, sabrán que moverse por el escenario no es una hazaña nada desdeñable para él. Cuando era niño, sufrió un ataque de poliomielitis que le obliga a llevar refuerzos ortopédicos en ambas piernas y caminar ayudándose con dos muletas. Verlo moverse por el escenario, un paso cada vez, dolorosa y lentamente, es un espectáculo inolvidable. Camina penosamente, pero con majestuosidad, hasta alcanzar su silla. Luego se sienta despacio, pone sus muletas en el suelo, desabrocha las sujeciones de las piernas, desplaza un pie hacia atrás y extiende el otro pie hacia delante. Después se inclina, recoge el violín, lo pone bajo su barbilla, asiente al director y procede a interpretar.

El público, acostumbrado ya a este ritual, permanece sentado en silencio mientras él se abre camino a través del escenario hasta ocupar su silla. El público sigue callado casi con reverencia mientras él desabrocha las sujeciones de sus piernas, esperando hasta que esté preparado para tocar.

Pero, esta vez, algo salió mal. Tras interpretar los primeros compases, se rompió una de las cuerdas de su violín, pudiéndose oír un chasquido que resonó como un disparo en todo el auditorio.

No había duda alguna de lo que significaba ese sonido. No había duda alguna acerca de lo que tenía que hacer.

Las personas presentes esa noche pensaron que iba a tener que levantarse, colocar de nuevo sus sujeciones, recoger las muletas y salir del escenario, ya fuese para cambiar de violín, o para cambiar la cuerda de este.

Pero no lo hizo y, en lugar de eso, aguardó durante unos instantes, cerró los ojos y luego hizo una señal al director para empezar de nuevo. La orquesta empezó a tocar y él siguió desde donde lo había dejado. Y tocó con tanta pasión, tanto poder y tal pureza como nunca antes habíamos escuchado.

Por supuesto, todo el mundo sabe que es imposible reproducir una obra sinfónica con solo tres cuerdas. Y sé que ustedes lo saben también, pero aquella noche Itzhak Perlman se negó a reconocerlo.

No hacer

Quizá uno de los aspectos más elusivos de la práctica del mindfulness sea el de hacer sin hacer o lo que llamamos no hacer. «Es una contradicción –señalan a menudo los participantes de la clase–. Si quiero que algo suceda, tengo que hacer algo».

Esto es cierto. Sin embargo, no hacer nada, o el esfuerzo sin esfuerzo, tiene que ver realmente con el modo en que llevamos a cabo nuestras tareas y cómo vivimos nuestra vida.

(Linda) recientemente he leído un artículo en una revista acerca de cómo los padres obligan a sus hijos, a edades cada vez más tempranas, a estudiar lenguas extranjeras, resolver problemas matemáticos y sobresalir en la interpretación de instrumentos musicales. Una de las ilustraciones del artículo mostraba un rompecabezas con agujeros redondos, cuadrados y triangulares. Junto a él, había trozos rotos con las mismas formas... y un martillo. La explicación era que alguien había intentado forzar las piezas para que encajasen en un lugar que no les correspondía.

En nuestra vida moderna, nos hemos vuelto adictos al esfuerzo. Parece normal que nos esforcemos en ir más rápido y más alto para lograr más de todo. Al mismo tiempo, los efectos de este estilo de vida se manifiestan en el gran número de personas que padecen estrés fisiológico y psicológico, condiciones ambas vinculadas entre sí. Estas dolencias se extienden a un ritmo alarmante en toda la población, en especial entre niños y jóvenes.

La expresión *esfuerzo sin esfuerzo* parece suscitar una paradoja o contradicción. Una de las virtudes de la paradoja, sin embargo, es que hace que no nos tomemos las cosas en su valor literal, a la vez que nos invita a indagar y observar con más detenimiento. Nos brinda la oportunidad de preguntar: «¿Qué puede significar el esfuerzo sin esfuerzo para mí desde el punto de vista del modo en que vivo mi vida?». Esto conduce naturalmente a otra pregunta: «¿Qué tipo de esfuerzo resulta estresante?».

Y, de hecho, es evidente para muchos participantes en el curso de MBSR que no es la actividad en sí, sino que lo que genera estrés son todos los factores adicionales que le atribuimos: el despiadado impulso a hacer lo correcto, el miedo a incurrir en un error y el sobrepasar nuestras propias limitaciones físicas.

En lugar de permitir un despliegue natural, lo que hacemos es presionar y presionar, alimentando una fe ciega en que «un poco más» es algo positivo.

La naturaleza es una maestra del esfuerzo sin esfuerzo. Las flores brotan, la nieve cae y las estaciones se suceden, pero hay muchas maneras en que los seres humanos tratamos de forzar a la naturaleza, a menudo con consecuencias desastrosas. Un ejemplo de ello es una historia citada en el libro *Zorba el griego*, de Nikos Kazantzakis, acerca de un joven que observa una mariposa en su capullo. Viendo al insecto que pugna por salir, siente compasión por él y corta el capullo para liberar al insecto. La mariposa emerge, vive durante unos instantes y después se contrae y muere.

Sencillamente, la mariposa aún no estaba preparada para abandonar el capullo. La madre naturaleza ha diseñado este proceso de manera muy sabia, ya que es el gran esfuerzo que normalmente ejerce una mariposa para salir del capullo lo que ayuda a que sus alas se llenen con fluidos y se hagan más fuertes. Liberarla antes de hora interfiere en este proceso natural de metamorfosis.

La práctica del esfuerzo sin esfuerzo no solo reviste un profundo efecto en la meditación, sino que también se difunde a través de nuestra vida de una manera que nos permite «ser». En lugar de emular al joven que no permite que la mariposa emerja naturalmente, podemos experimentar la cualidad sanadora de tan solo ser, permitiendo que la vida se despliegue mientras somos testigos de ello con nuestro cuerpo, nuestra mente y nuestro corazón.

5. El programa MBSR de ocho semanas

Las sesiones del curso de MBSR de ocho semanas tienen lugar una vez a la semana y suelen durar de dos horas y media a tres. El curso también incluye un día de retiro (llamado el Día de Mindfulness) que, por lo general, se lleva a cabo entre la sexta y séptima clase.

Antes de tomar parte en un curso de MBSR, se invita a los estudiantes a una entrevista individual o un seminario de orientación. Esto les da la oportunidad de conocer al instructor de MBSR, familiarizarse con la naturaleza del curso y sus requisitos y decidir si quieren participar en él. El instructor inquiere acerca de la salud de los alumnos, los factores de estrés y qué les ha inducido a desear participar en un curso de estas características. Los futuros estudiantes también tienen la oportunidad de plantear preguntas sobre el programa, de explorar sus objetivos y de discutir si estos son realistas. El instructor explica la importancia de la dedicación a la práctica diaria en casa, y, juntos, instructor y alumnos, reflexionan sobre el modo de integrar en la vida cotidiana la práctica en casa. Basándose en la información que reciben, las personas pueden decidir si el curso MBSR es adecuado para ellas.

Un breve resumen del contenido del curso de MBSR

- Cada clase incluye la práctica de uno o más de los ejercicios formales de mindfulness enseñados en el curso de MBSR: escáner corporal, yoga consciente, meditación sedente o paseo meditativo.
- Después de la práctica formal, se dedica un periodo para que los estudiantes compartan sus experiencias y exploren más a fondo tanto los ejercicios realizados en clase como su práctica diaria en casa.
- Cada clase aborda un tema (por ejemplo, el significado del mindfulness, los orígenes del estrés, la comunicación atenta, el cuidado consciente de uno mismo), que es explorado tanto a través de ejercicios temáticos como en sesiones de intercambio grupal. El énfasis siempre recae en la integración del mindfulness en la vida cotidiana.
- Los participantes reciben un libro y un cedé de ejercicios formales para practicar en casa.
- Además de las tareas semanales, el libro incluye material explicativo, poemas, cuentos y sugerencias para la integración del mindfulness en la vida cotidiana.

- Tanto los ejercicios formales como los informales, en los que llevamos a cabo nuestras actividades cotidianas de manera consciente, son componentes importantes de la práctica del mindfulness.

El mindfulness en la vida cotidiana

Cuando empezamos a practicar el mindfulness, no tardamos en percatarnos de lo inquietos y distraídos que estamos y de las dificultades que plantea el permanecer centrados en algo tan aparentemente sencillo como, por ejemplo, la respiración. Tan solo se requiere un pequeño ruido para inundar la mente con asociaciones, recuerdos y pensamientos relacionados con ese sonido. Y, antes de que nos demos cuenta, estamos atrapados en una historia que no tiene nada que ver con nuestra experiencia en el aquí y ahora. Mantener nuestra atención centrada en el presente exige práctica regular y esfuerzo sostenido. El mero hecho de desearlo no nos llevará a conseguirlo. Por otro lado, no existe mejor lugar para la práctica que nuestra vida cotidiana. Por eso, practicar los ejercicios de meditación formal, así como lo que denominamos «práctica informal del mindfulness», con una regularidad diaria es una parte esencial del curso de MBSR.

Los ejercicios informales tienen que ver con nuestras actividades cotidianas, tales como subir escaleras, planchar, lavar los platos, ducharse, limpiar, cocinar y comer con plena atención.

Permanecer atento en este contexto significa estar presente, alerta y con una sensación de genuina curiosidad durante estas actividades. Ponemos todo nuestro empeño en ejecutarlas con consciencia y con una actitud mental que manifiesta interés. Eso significa que, cuando lavamos los platos, lavamos los platos y también sentimos el agua caliente, los platos y nuestra postura corporal, sin dejar de permanecer en contacto con nuestra respiración.

Sin embargo, no todo el mundo se muestra, al principio, abiertamente entusiasta acerca de ser consciente. Hay quienes señalan: «Pero yo no quiero ser consciente de cada segundo de mi vida. Me alegro de poder lavar, a veces, los platos sin tener que pensar en ello. Y de todas formas, tardaría demasiado tiempo en hacerlo de esta manera». Otra objeción que se escucha a menudo es: «¿Por qué querría estar en contacto con las cosas, sobre todo cuando me resultan dolorosas o emocionalmente difíciles? En ocasiones, lo que quiero sencillamente es evadirme».

Sin embargo, suelen ser estos mismos participantes los que posteriormente en el curso afirman que hacer las cosas con esa actitud les ha llevado a perderse parte de su vida. Aprender a permanecer con una experiencia, incluso cuando sentimos que queremos eludirla, aporta riqueza y una sensación de plenitud que muchos de los participantes llegan a valorar. Con el tiempo, esto nos ayuda a desarrollar fuerza interior, estabilidad y resistencia, aun cuando rujan las tormentas de la vida.

Una parte de nuestra vida se compone de actividades rutinarias. Gracias a la práctica del mindfulness, nuestras tareas cotidianas se convierten en campanas del despertar que nos recuerdan que podemos estar presentes en nuestra vida. Así pues, el mindfulness significa hacer acto de presencia en la vida.

La práctica informal del mindfulness suele suscitar cuestiones como las siguientes:

- ¿Estoy viviendo plenamente este momento particular?
- ¿Estoy realmente presente en mi vida?
- ¿Estoy atascado en el pasado o viviendo con la esperanza de un futuro mejor?

Al final del curso de ocho semanas, Elizabeth compartió la experiencia de su práctica del mindfulness en la vida cotidiana:

Siento que cada momento en el que limpio, lavo los platos o cuido de los niños de manera consciente, estoy recuperando mi vida. He experimentado que es muy liberador no verlo todo como una tarea, o albergar la actitud de que la relajación y la buena vida solo empiezan cuando termino mi jornada de trabajo. Pero, de esa manera, no hago sino perderme buena parte de mi vida, porque por las tardes me siento cansada y aplazo las cosas hasta el día siguiente. He practicado durante ocho semanas para llegar a decidir por mí misma lo que es realmente importante en mi vida diaria y también para ser más consciente de los buenos momentos.

Si esto te suena, te sugerimos que, al igual que hacen los participantes en el curso de MBSR, elijas una actividad cotidiana, como lavar los platos, ducharte, subir las escaleras o cepillarte los dientes, y le prestes atención, en el transcurso de una semana, siempre que la lleves a cabo. Observa lo mejor que puedas cómo afecta a tu experiencia de la actividad y si puedes extraer alguna lección que aplicar a tu vida cotidiana.

Semana 1
Explorar el mindfulness

En nuestro primer encuentro del curso de MBSR, hacemos algo que raramente podemos llevar a cabo en la vida cotidiana: dedicamos un tiempo a presentarnos los unos a los otros. También dedicamos tiempo a escuchar las historias de por qué la gente ha venido a esta clase… esta noche… en este lugar.

Cuando los asistentes empiezan a compartir información sobre sí mismos, se torna evidente el esfuerzo que cada uno de ellos invierte para asistir a clase. Todos han tenido que encontrar tiempo en su ajetreada vida. Todos han tenido que hacer combinaciones en el transporte y también han implicado a otras personas para que les ayuden a asistir al curso, dejando los niños al cuidado de una niñera, buscando una sustitución en el trabajo o dejando a su mascota a cargo de alguien.

No es casual que los participantes inviertan tales esfuerzos en asistir a la clase de MBSR. Y, aunque expresan sus motivos de maneras muy distintas, a cada uno de ellos le mueve el mismo impulso: asistir al curso equivale a reconocer que las cosas no pueden seguir del modo en que están.

Para muchos se trata de su situación actual, tal vez una enfermedad o un problema laboral o de relación. El temor a la
pérdida es otra gran motivación, ya tenga que ver con nuestro
trabajo o con la vida de un ser querido. El dolor crónico, la tensión familiar, convivir con una enfermedad importante, la sensación de que la vida ha perdido su sentido, el traslado a una
nueva ciudad o un divorcio, cada uno de estos también puede
exigir su peaje. Muchas personas se encuentran agotadas por
la realidad de su vida: exceso de tareas, confusión, problemas
de salud, inseguridad laboral, pérdida de la conexión con la
comunidad o con la familia y sueños frustrados.

Hay un segundo tema que también se pone de manifiesto
cuando los participantes se escuchan los unos a los otros: inscribirse en una clase de MBSR es un primer paso en dirección
a conseguir algo en beneficio de sí mismos. Para muchos, esta
es una experiencia totalmente nueva.

¿Qué es lo que nos impide, a muchos de nosotros, ayudarnos
a nosotros mismos? Cuando planteamos esta pregunta, a menudo emerge otra: «¿Tengo derecho a hacer algo solo en mi propio
beneficio?». Para muchas personas, esta es una cuestión difícil.
Para un padre, disponer de tiempo personal significa alejarse de
sus hijos. Alguien con un trabajo exigente siente que es injusto
dejar de trabajar temprano y pedir a otros que lo sustituyan. A
un hijo con un padre anciano le preocupa que, mientras él está
en otro sitio, surja algún problema.

Muchos participantes rara vez cuestionan la idea de que es malo
o egoísta cuidar de sí mismos. Este es un ejemplo de cómo el mind-

fulness puede desempeñar un papel revolucionario en nuestra vida. A medida que continuamos la práctica, empezamos a cuestionarnos o reflexionar sobre las cosas que estamos acostumbrados a dar por sentadas, lo cual nos abre un nuevo mundo de posibilidades.

La experiencia de la clase

Muchos de los participantes en los cursos de MBSR señalan que reunirse en un grupo es uno de los elementos más importantes del curso. Hay una sensación de comunidad y de compartir un objetivo común, es decir, de estar más en contacto con una vida que hasta ahora les ha resultado abrumadora.

Para apoyar el proceso grupal, los instructores de MBSR suelen mencionar algunas reglas que se pide a todos que respeten. Entre estas se incluyen las siguientes:

- Todos los participantes en el grupo pueden compartir tanto o tan poco acerca de sí mismos como deseen.
- Los estudiantes respetarán la privacidad de cada participante, no mencionando el nombre de nadie ni hablando de ningún compañero fuera de clase.
- Se pide a los participantes que avisen por teléfono o por correo electrónico al instructor para que este sepa cuándo no pueden asistir a una clase.
- Presentamos las directrices para llevar a cabo una comunicación atenta pidiendo a los participantes que:

1. No se interrumpan entre ellos.
2. Se abstengan de ofrecer consejos o sugerencias.
3. Hablen solo de su propia experiencia.
4. Se abstengan de juzgar a los demás.

¿Por qué pedimos que se abstengan de dar consejos o de decirle a alguien lo que está haciendo mal? Anna expresa de qué modo le ayudó esta norma:

> He pasado la mayor parte de mi vida sintiéndome como un fantasma... hablando a los demás sin que nadie pareciese escucharme. En esta clase, me he sentido escuchada por primera vez. Y no tenía nada que ver con el hecho de que mi interlocutor estuviese de acuerdo conmigo o no. Eso, a la postre, no era lo importante. Sin embargo, ser escuchada sin ser juzgada o sin que alguien me diga lo que debo hacer me hace sentir apreciada. Me hace sentir vista y escuchada.

Primera práctica de mindfulness: El ejercicio de las pasas

En el ejercicio de las pasas (descrito en las páginas 39-41), hemos explorado con nuestros cinco sentidos (vista, gusto, tacto, olfato y oído) un pequeño fruto seco, tal como hacemos durante la primera sesión del curso de MBSR. En las discusiones de clase que siguen a este ejercicio, se destacan determinadas actitudes que desempeñan un importante papel en nuestra vida:

- Somos muy rápidos al juzgar algo en términos de nuestras preferencias y aversiones.
- Los hábitos son muy poderosos y no solemos ser conscientes de ellos.
- Pasamos por alto o ignoramos muchas cosas de la vida porque creemos que ya las conocemos.
- No nos permitimos ser receptivos a nuevas experiencias.
- Nuestros pensamientos suelen girar en torno al pasado o el futuro.

Mientras comemos la pasa, la práctica consiste en prestar atención a todas las fases de la experiencia, lo cual nos permite centrarnos y anclarnos, en cada instante, en la realidad.

Las lecciones derivadas del ejercicio de las pasas pueden acompañarnos no solo durante el resto del curso, sino, de hecho, durante el resto de nuestra vida. Un participante lo expresó con estas palabras:

Había puesto, para comer, una bolsa de pasas en mi maleta, pero de algún modo el paquete se rompió y las pasas se derramaron por todas partes. Traté de limpiarlas lo mejor que pude. Sin embargo, durante el resto del viaje, cada vez que sacaba una prenda de ropa descubría constantemente nuevas pasas.

Aunque estaba molesta y preocupada de que pudiesen manchar mi ropa, al mismo tiempo me hacían recordar las lecciones sobre las pasas que había aprendido durante la clase de MBSR: cada momento es único y precioso, y yo no quería malgastar ni uno solo. Era como si una campana de mindfulness sonase cada vez que encontraba una pasa un poco aplastada.

¡Qué momento tan dulce!

El escáner corporal

Después del ejercicio de las pasas, presentamos a los participantes el escáner corporal. Este es el primer ejercicio, considerado formal, que practicamos en el MBSR. Durante el escáner corporal movemos nuestra consciencia a través del cuerpo, desde los dedos de los pies hasta la cabeza, prestando atención a cada zona del cuerpo y tomando nota de lo que experimentamos cuando depositamos nuestra atención allí. En particular, tratamos de advertir todo tipo de sensaciones (tales como hormigueo, picazón, presión), cambios de temperatura, liviandad o pesadez, tensión o espaciosidad. También es posible, cuando se menciona una parte del cuerpo, no percibir nada en particular, y entonces se nos alienta a ser simplemente conscientes de «nada en particular». En lugar de buscar algo o de intentar producir algo que percibir, descansamos en una consciencia abierta de cualquier cosa que surja en cada momento.

El propósito del escáner corporal es experimentar las diferentes zonas del cuerpo con la misma consciencia atenta que aplicamos a las pasas. En un escáner corporal de la pierna izquierda, por ejemplo, exploramos la pierna siguiendo esta secuencia y abriéndonos a lo que está presente –o no– en esa zona del cuerpo:

- los dedos del pie izquierdo
- el dedo gordo del pie
- el dedo meñique
- los dedos intermedios
- la planta del pie… entonces nos movemos al arco
- el talón izquierdo
- la parte superior del pie
- todo el pie izquierdo
- el tobillo izquierdo
- la zona inferior de la pierna izquierda
- la pantorrilla
- la espinilla
- la rodilla izquierda
- la rótula
- la parte posterior de la rodilla
- el muslo, la nalga y la parte superior de la pierna izquierda

Durante el resto del ejercicio, exploramos con el mismo detalle las otras zonas del cuerpo, cambiando luego a la pierna derecha, nalgas, pelvis, parte superior del cuerpo, brazos, cuello y cabeza, incluyendo el rostro. Al final del escáner corporal, practicamos un ejercicio de respiración con todo el cuerpo y, a continuación, terminamos con unos minutos de silencio.

Tras el escáner corporal, dedicamos el tiempo necesario para que los participantes compartan sus experiencias. La primera clase termina con un repaso de la práctica en casa y otras asignaciones en el cuaderno de ejercicios.

¿Por qué practicamos el escáner corporal?

Durante el escáner corporal, introducimos un aspecto clave del mindfulness: prestar atención sin juzgar. Al emprender la práctica del mindfulness, una de las primeras cosas que advertimos es la frecuencia con que queremos que las cosas sean diferentes de lo que son. Podemos pensar que no deberíamos tener una determinada sensación, o que no experimentamos lo que creemos que debemos experimentar, o cómo nos gustaría que fuesen las cosas. Podemos sumergirnos en pensamientos aleatorios o en una sensación de somnolencia (e incluso quedarnos dormidos) y, como resultado, creemos que no estamos haciendo correctamente el escáner corporal. Asimismo, cuando emprenden la práctica del mindfulness, muchos estudiantes se sorprenden –y se preocupan– del grado de crítica que pueden llegar a mostrar hacia sí mismos.

Al mismo tiempo, el hecho de percibir lo que tan a menudo nos lleva a juzgarnos a nosotros mismos nos permite comenzar a practicar una importante habilidad del mindfulness: darnos cuenta, o ser conscientes, de que nos estamos juzgando y permitir amablemente que cese dicho juicio, devolviendo la atención al punto del escáner corporal en el que estábamos. Aunque podamos sentirnos atraídos a seguir descendiendo por el camino del juicio a nosotros mismos, la práctica continuada del mindfulness nos permite saber que podemos optar por tomar una y otra vez el camino de la consciencia atenta.

Todo lo que experimentamos en el entrenamiento en mindfulness forma parte de la práctica. Al igual que en la vida, todo el tiempo ocurren cosas. Como dijo tan sabiamente John Lennon: «La vida es lo que te sucede mientras estás ocupado haciendo otros planes». Eso es un hecho. El modo en que respondemos, sin embargo, es algo en lo que tenemos alguna influencia.

Por ejemplo, durante el escáner corporal podemos practicar el ejercicio de elegir con atención. El primer paso consiste en cobrar consciencia de que efectivamente disponemos de una opción, aunque a menudo primero debemos fortalecer el músculo del mindfulness, dado que la tendencia a reaccionar es muy poderosa. Con el tiempo pasaremos de la reacción automática a la respuesta atenta, lo cual significa que somos conscientes de que tenemos la posibilidad de reaccionar de manera diferente.

Hay algo poderoso en formar parte de un grupo de personas tendidas en el suelo que practican el escáner corporal. También es conmovedor observar cómo cada miembro de la clase procura organizar su espacio de práctica, poniendo sumo cuidado en acomodarse (algo que solemos hacer de manera precipitada en la vida diaria). Podemos percibir que, por más diferentes que sean los participantes en la clase, comparten la intención de sumergirse en la práctica del mindfulness, poniendo lo mejor de su parte. De ese modo, lo que es un grupo muy heterogéneo se transforma en una comunidad de personas que, al menos provisionalmente, están dispuestas a estudiar la posibilidad de despertar y de ser conscientes en su propio cuerpo.

Aspectos del escáner corporal

- El escáner corporal nos introduce a uno de los principios básicos de la práctica del mindfulness: permanecer con lo que es, sin intentar cambiar o controlar la situación.
- El escáner corporal nos brinda la oportunidad de poner en práctica los aspectos clave del mindfulness como, por ejemplo, aprender a:

1. Dirigir nuestra atención de una manera determinada.
2. Percibir cuándo se distrae la atención.
3. Volver al momento presente.
4. Ser conscientes de las reacciones habituales, incluyendo juzgar, rechazar, evitar, y así sucesivamente.
5. Ser conscientes de nuestras propias preferencias y prejuicios.
6. Prestar atención a la diferencia que existe entre pensar acerca de algo y sentirlo de manera consciente.

- El escáner corporal es una manera de salir de la cabeza y retornar al cuerpo. Solemos perder el contacto con nuestro cuerpo físico y pasar por alto las señales y la sabiduría que nos ofrece. A menudo lo rechazamos, intentamos cambiarlo y lo empujamos más allá de sus límites saludables. Damos el cuerpo como algo garantizado y lo concebimos más como una máquina que como la encarnación de nuestra propia humanidad.

- El escáner corporal nos invita a ser conscientes de la totalidad del cuerpo de un modo nuevo o diferente, incluyendo las partes que nos resultan problemáticas, y nos ofrece la posibilidad de llegar a conocer aquello de lo que hemos tratado de alejarnos durante mucho tiempo. Al hacerlo, podemos ver que ese alejamiento causa más dolor que el hecho de permanecer en contacto y de familiarizarnos con las mismas zonas que hemos pretendido desterrar.

- En el escáner corporal, animamos a las personas a cuidar de sí mismas encontrando una postura y disponiendo adecuadamente las cosas para tener a su alcance todo lo que necesiten (mantas, almohadas, edredones, etcétera). A lo largo del curso, analizaremos el tema del cuidado de uno mismo.

- La posibilidad de experimentar el cuerpo como un todo también es un aspecto importante del escáner corporal. Este sentimiento de unidad es algo que puede ser experimentado en cualquier circunstancia, incluso si estamos enfermos o convivimos con el dolor.

- Las personas que padecen algún tipo de dolor suelen llegar a reconocer que son más que su dolor. El escáner corporal también les permite experimentar las partes de su cuerpo que no están aquejadas por el dolor.

- El escáner corporal no es un ejercicio de relajación, sino un ejercicio de mindfulness diseñado para promover un estado de atención y alerta. De entrada, los participantes no pueden entenderlo, ya que la relajación suele ser un gran objetivo y asocian, por lo general, el hecho de estar acostados con relajarse o dormir.

Sugerencias útiles para la práctica del escáner corporal

1. En ocasiones, los participantes preguntan si pueden moverse durante el escáner corporal. Esa pregunta, de hecho, sirve de «excusa» para reflexionar sobre la diferencia entre elección consciente y reacción automática. Podemos practicar el ser conscientes del impulso de movernos y, en ese momento, no elegir sino, más bien, observar lo que surge. También podemos tomar la decisión de movernos y, a continuación, hacerlo lentamente, prestando atención, de manera que se torne un movimiento consciente. Al practicar de ese modo, investigamos la diferencia entre reacción y respuesta.

2. Algunos participantes asocian el hecho de inspirar y espirar a través de una determinada parte del cuerpo con una herramienta para relajarse o mitigar el dolor. Pero, cuando practicamos el escáner corporal, no utilizamos la respiración para deshacernos de ninguna cosa, incluido el dolor, la tensión, la incomodidad o la inquietud.

3. El escáner corporal tiene que ver con el modo en que dirigimos la consciencia a una zona del cuerpo y también con el modo en que seguimos adelante y pasamos a la siguiente zona. Tal vez constatemos que deseamos permanecer más tiempo en una determinada parte del cuerpo, mientras que podemos sentir, en otro momento, que la guía del escáner corporal es demasiado lenta. Esto también es útil para percibir que nos adherimos a un modo particular de hacer las cosas y que tenemos fuertes atracciones y rechazos.

Las siguientes sugerencias se basan en el libro *Terapia cognitiva basada en el mindfulness para la depresión*.[19]

1. Cualquier experiencia que tengamos durante el escáner corporal forma parte del ejercicio. Esto puede incluir dormirse, olvidarse de dónde estamos durante la meditación, ser conscientes de los sentimientos o sensaciones desagradables –o agradables–, o perder la concentración. Vemos, lo mejor que podamos, si es posible ser conscientes de ellos tal como son. No hay necesidad de cambiar nada.

2. Cada vez que nuestra mente se distrae, tomamos nota amablemente de los pensamientos (en cuanto acontecimientos mentales pasajeros) y, a continuación, devolvemos la mente al escáner corporal.

3. Existe la tendencia a abordar este tipo de ejercicio como si se tratase de una competición. Es útil observar esta tendencia (ya que nos brinda una visión profunda de uno de los principales modos en que generamos estrés). Y, tras advertirlo, nos liberamos de la necesidad de hacerlo bien, de cualquier noción de éxito o fracaso y de querer llevar a cabo correctamente el escáner. En este sentido, es mucho más útil cultivar una actitud de genuino interés y curiosidad. A continuación, permitimos que el resto ocurra por sí solo.

4. En lugar de cultivar expectativas y esperanzas sobre lo que conseguiremos con el escáner corporal, imaginemos que estamos sembrando una semilla. Cuanto más la toquemos e interfiramos con ella, menos probable será que crezca. Lo mismo se aplica al escáner corporal. Solo debemos seguir regando la tierra, practicando y siendo pacientes. Nunca sabemos cuándo un brote de sabiduría se abrirá paso a través del suelo.

El regalo del mindfulness

Durante la semana 1 del curso de MBSR se introduce el papel que puede desempeñar la presencia mental en nuestra vida. En las semanas que siguen, este aspecto se tornará evidente con todos sus matices. Así como un cristal que giramos bajo el sol revela muchos ángulos diferentes, nuestra vida se desarrollará con toda su sutileza y variedad.

Uno de los aspectos clave del que muchos participantes cobran consciencia es de la tendencia a centrarnos en todo aquello acerca de nosotros mismos y nuestra situación que *no* está bien. A propósito del mindfulness, Jon Kabat-Zinn afirma: «Mientras respiremos, habrá con nosotros más bien que mal, sin importar lo que esté mal».

Con este telón de fondo, un aspecto importante del curso de MBSR puede ser descrito del siguiente modo: cada uno de nosotros dispone de recursos y habilidades para lidiar con los problemas de la vida, y estos recursos pueden verse fortalecidos mediante la práctica del mindfulness. Aprender a cultivar una actitud carente de juicios nos ayuda a contactar más profundamente con nosotros mismos y a valorar nuestra propia vida.

El mindfulness refuerza nuestra capacidad de ser conscientes de la singularidad y vitalidad de cada momento. Gracias a él nos volvemos más sensibles a nuestras sensaciones corporales y a nuestros arraigados patrones automáticos de pensamiento y sentimiento. Al mismo tiempo, ser conscientes de nuestra situación interna y externa nos impide quedar atrapados en ella, ya que emerge un nuevo espacio en el que observar nuestros problemas desde una cierta distancia y obtener mayor claridad para tomar decisiones más creativas y emprender cualquier acción.

Al principio del curso de MBSR, no es posible predecir o prometer con exactitud lo que va a suceder. Sin embargo, la experiencia ha demostrado que abrirse a la riqueza del momento presente contiene nuevas y, a menudo, inesperadas posibilidades para quienes estén dispuestos a descubrirlas.

La siguiente cita, que apareció el 27 de marzo de 1978 en la revista *Family Circle*, se incluye en el manual del participante del curso y se examina al final de la semana 1. Para muchos de nuestros estudiantes, toca un lugar acogedor en su corazón, que les recuerda que la vida cotidiana es un tesoro de momentos de atención ¡que solo nos piden *observar y observar*!

Si volviera a nacer, me gustaría cometer más errores la próxima vez. Me gustaría relajarme. Me gustaría ser más flexible. Haría más tonterías de las que he hecho en este viaje. Me tomaría las cosas menos en serio. Me gustaría tener más posibilidades. Querría escalar más montañas y nadar más ríos. Comería más helados y menos alubias. Tal vez tendría más problemas reales, pero me gustaría tener menos imaginarios.

Ya ves, soy una de esas personas que viven de manera sensata y cuerda hora tras hora, día tras día. He tenido mis momentos y, si tuviera que repetir de nuevo, me gustaría tener más de ellos. De hecho, me gustaría tratar de no tener nada más. Solo momentos, uno tras otro, en lugar de vivir tantos años haciendo previsiones para cada día. He sido una de esas personas que nunca va a ninguna parte sin un termómetro, un termo, un impermeable y un paracaídas, pero si tuviera que hacerlo de nuevo, iría más ligero de equipaje.

Si naciera otra vez, querría empezar a andar descalzo antes en primavera y permanecer de ese modo hasta más tarde en el otoño. Iría a más bailes. Me gustaría montar más en el tiovivo y recoger más margaritas.[20]

Consejos para la comida atenta

Para empezar, por lo general resulta más fácil comer con atención en silencio que conversando con otras personas. Sin embargo, es posible practicar en compañía de otros hasta que, finalmente, también nosotros queramos experimentarlo. Podemos probar a consumir conscientemente una comida completa o solo una parte de ella. Un instructor de mindfulness recomienda practicar la alimentación consciente con el primer bocado de cada comida. A veces, cuando varias personas, incluyendo familiares, practican juntas, comen de manera atenta en silencio durante los primeros cinco minutos de la comida.

- Para empezar, observamos cuidadosamente lo que vamos a comer. ¿Cuáles son sus cualidades en términos de color, forma, textura, olor, etcétera?
- Cuando recogemos la comida, somos conscientes del tenedor o la cuchara en nuestra mano y la sensación de movimiento cuando la acercamos a la boca.

- ¿Qué observamos cuando introducimos los alimentos en nuestra boca? ¿Qué sentimos? ¿Qué advertimos acerca de su temperatura, forma, tamaño y otras cualidades?
- Empezamos a masticar lentamente, prestando atención al sabor de la comida. ¿Es dulce, agrio, ácido, amargo, picante, soso o tiene otro sabor? Masticamos despacio y experimentamos con la cantidad de tiempo que transcurre antes de tragar.
- Somos conscientes, en la medida de lo posible, del impulso de tragar. Cuando tragamos, observamos todas las sensaciones que se presentan a medida que el alimento se desplaza hacia abajo.
- Registramos cada impulso de vaciar nuestra boca rápidamente para ingerir el próximo bocado.
- También podemos probar a advertir cuánto comemos, con qué rapidez, cómo responde nuestro cuerpo a la comida y cuáles son los pensamientos y emociones que surgen.

Semana 2
Cómo percibimos el mundo
y a nosotros mismos

El verdadero viaje de descubrimiento no consiste en buscar nuevos paisajes, sino en mirar con ojos nuevos.

MARCEL PROUST

Durante la segunda semana del curso de MBSR, después de saludarnos los unos a los otros, comenzamos tumbándonos en el suelo para ser guiados a través de un escáner corporal. Seguidamente, dedicamos un periodo a hablar acerca de lo que han experimentado tanto en clase como durante la práctica en casa.

Aquí hay algunos comentarios de los participantes relativos al escáner corporal:

–Pensaba constantemente en cómo encontrar tiempo para la práctica –dijo John–. Me parece muy divertido cuando lo comento ahora. Todo lo que necesitaba era acostarme y llevarlo a cabo.

–La única cosa que hice durante el escáner corporal fue dormir –añadió tímidamente Barbara. (Fueron varias las personas que sonrieron o asintieron cuando ella dijo eso).

–Sentí partes de mi cuerpo que no había sentido en años. Era bueno conectar conmigo mismo –comentó Hans.

–Normalmente hago todo lo que puedo para distraerme del dolor –dijo Joan, una mujer anciana aquejada de artritis grave–. Pero me he comprometido a llevar a cabo el programa y pienso cumplirlo. El escáner corporal forma parte de él. Durante la exploración, intento volver a donde estaba cuando mi mente se distrajo. Me sorprende la cantidad de energía que consumo en la vida cotidiana intentando distraerme todo el tiempo. Tal vez mirar hacia otro lado no siempre es la respuesta.

Pronto una pregunta concreta aflora en el grupo: ¿Existe una forma correcta o una forma incorrecta de hacer un escáner corporal? En el debate ulterior, parecen coincidir en que existe una tendencia a pensar del siguiente modo: «correcto» significa que la persona permanece despierta y después se siente relajada; «incorrecto» significa que se queda dormida o experimenta más dolor y molestias.

La tendencia a juzgar nuestras experiencias como buenas o malas, correctas o incorrectas, se torna patente de inmediato cuando practicamos el mindfulness. Esto en sí mismo no es bueno ni malo, pero clasificar las experiencias en acertadas y equivocadas tiene sus consecuencias, ya que provoca que muchos de nosotros nos cerremos a una amplia gama de sucesos en la vida que no encajan en nuestro sistema y que sutilmente

–y no tan sutilmente– busquemos las cosas que nos hacen sentir bien y rechacemos las que no lo hacen.

Nada correcto, nada equivocado

Para ayudar a los participantes de la clase a investigar su experiencia del escáner corporal, un instructor de MBSR puede formular preguntas como las siguientes:

«¿A qué zona de tu cuerpo estabas prestando atención cuando te quedaste dormido?».

«¿Qué advertiste acerca del modo en que reaccionaste cuando te diste cuenta de que te habías quedado dormido y luego cuando te despertaste?».

«He oído antes que pensabas que esto era aburrido. ¿Qué sucedía en el momento en que tuviste ese pensamiento?».

«Te he oído decir que no experimentabas una parte concreta de tu cuerpo. ¿Eras consciente de algún pensamiento, sentimiento o sensación en ese momento?».

«Entiendo que has dicho que, al final del escáner corporal, experimentaste una poderosa sensación de tu cuerpo como un todo, como si la respiración conectase el cuerpo entero. ¿Puedes añadir algo más al respecto?».

El arte de indagar en el escáner corporal nos anima a investigar, sentir y estar en contacto con nosotros mismos. Esto incluye ser conscientes de cuándo no somos conscientes. También nos transmite otra comprensión muy importante acerca de las lecciones del escáner corporal: no existe un modo correcto o incorrecto de llevarlo a cabo. Las experiencias que tenemos son válidas exactamente tal como son. En este tipo de exploración, dejamos de categorizar las cosas en términos absolutos de buenas o malas para saborear los ricos matices de cada experiencia.

¿Lo que ves es lo que recibes?

El tema de la semana 2 es ser cada vez más consciente de cómo percibimos el mundo o, dicho en términos prácticos, explorar la relación entre nuestra interpretación de algo y qué es lo que hay en realidad. La mayoría de nosotros asumimos que la manera en que vemos las cosas es la manera en que son, pero nada podría estar más lejos de la realidad. En cierto sentido, siempre llevamos puestas unas lentes. Y nuestra vida, es decir, nuestros antecedentes, cultura, historia personal, educación, experiencia, y todas las personas, ideas y cosas que han influido en nosotros, colorean dichas lentes. Nuestras actitudes también tiñen las lentes y filtran lo que percibimos e influyen en la forma en que nos relacionamos con el mundo.

Qué vemos y cómo vemos las cosas es, de hecho, algo muy personal. Las opiniones que nos formamos son solo eso: opiniones. Muy a menudo las consideramos una verdad absoluta y, aunque podamos ver una situación de un modo totalmente distinto al de otras personas, en el fondo pensamos que tenemos razón y que los demás están equivocados.

Práctica en casa:
Ejercicio de los nueve puntos.
De qué modo las actitudes modelan
nuestra percepción

Para la práctica en casa, después de la semana 1, se pide a los miembros de la clase que lleven a cabo el ejercicio de los «nueve puntos».

El objetivo de este ejercicio es unir los nueve puntos utilizando solo cuatro líneas rectas, sin levantar el lápiz del papel y sin pasar dos veces por la misma línea.

Algunos comentarios sobre el ejercicio de los nueve puntos son estos:

- «He trabajado en él durante tres días, pero después me he rendido. Es imposible resolverlo con estas reglas».
- «Me frustré rápidamente. Y entonces me puse furiosa. Estaba segura de que faltaba algo en la explicación».

- «Me pareció que era una pérdida de tiempo. Lo dejé pasados los primeros cinco minutos».

- «Sabía que me había enfrentado a este problema antes, pero no podía recordar la solución. Me ha sacado de quicio».

El ejercicio de los nueve puntos parece irresoluble a primera vista. La clave de la solución radica en ser conscientes de que acostumbramos a dar por sentadas determinadas verdades sin cuestionarlas, y que esto aboca a un visión restringida de las situaciones. Muchos de los participantes experimentan un momento ¡eureka! cuando finalmente dan con la solución al acertijo. Entonces cobra perfecto sentido que la respuesta solo pueda encontrarse cuando cambiamos el modo en que abordamos el problema.

En los animados debates sobre el ejercicio de los nueve puntos que a menudo se producen, se alcanza una comprensión acerca de la tendencia a quedarse bloqueado en una determinada perspectiva. Cuando somos conscientes de ello, hemos dado el primer paso para cambiar la manera en que percibimos las cosas.

Obtener una imagen más amplia

En la semana 2 del curso MBSR, el instructor puede dirigir el ejercicio de la visión atenta (véase el recuadro en las páginas 149-151).

A propósito de la experiencia de ver, el doctor Nils Altner, que trabaja como terapeuta de la mente y el cuerpo en la Clínica para la Medicina Integrativa y Natural, en la Universidad de Essen, Alemania, escribe:

> Un aspecto clave de prestar atención para afrontar el estrés es ser conscientes de que, si bien no está en nuestra mano cambiar una determinada situación, sí que podemos perfectamente modificar la naturaleza de nuestra percepción. Cuando nos sentimos estresados, solemos ver las cosas desde una sola perspectiva. La práctica de la visión atenta nos ayuda a comprender cómo expandir o contraer nuestras propias ideas sobre el mundo. Ver la imagen completa y ser más conscientes de los detalles de dicha imagen se parece a llevar por primera vez un nuevo par de gafas.
>
> Podríamos seguir llevando las gafas viejas, pero las nuevas nos permiten ver con mayor detalle y de un modo mucho más nítido y claro. Por supuesto, podríamos vivir con las gafas viejas y simplemente desperdiciar la oportunidad de ver mejor con las nuevas. Así pues, respecto a nuestra propia situación, disponemos de una elección. La visión atenta consiste en efectuar dicha elección como si se tratara del regalo de ver con claridad, un regalo que podemos darnos a nosotros mismos, motivados por una actitud bondadosa y amistosa.
>
> Cuando centramos nuestra percepción sobre algo, naturalmente tenemos opiniones acerca de ello, como «Es maravilloso», «Eso no es para mí», «Ya lo he visto todo» o «Esto no es

nada nuevo», y así sucesivamente. Si miro a mi alrededor sin un objetivo en mi mirada, pueden suceder cosas inesperadas. Una visión demasiado centrada revelará algo distinto que una visión abierta y no focalizada, lo que es comparable a una lente telescópica en contraposición a una lente de gran angular.

El ejercicio de los nueve puntos y el ejercicio de la visión atenta (véase siguiente ejercicio) nos muestran que podemos moldear nuestra percepción de la situación y, al hacerlo, percibir nuevas perspectivas e incluso soluciones que no hemos visto antes.[21]

Ejercicio de la visión atenta

El ejercicio de la visión atenta explora cómo dirigimos nuestra mirada y nuestra visión de un modo selectivo. Es mejor practicar la visión atenta en una habitación con una ventana grande, a ser posible una ventana que permita la vista del exterior, aunque también puede practicarse directamente en el exterior. Una atmósfera tranquila es de gran ayuda. El ejercicio puede durar de 10 a 20 minutos. La siguiente versión se basa en las instrucciones ofrecidas por el doctor Altner en sus clases de MBSR.[22]

• Empieza mirando por la ventana. Permite que tu mirada se desplace, percibiendo toda la imagen contenida en el marco de la ventana: objetos individuales, casas, árboles, personas, y así sucesivamente. Experimenta con la percepción del primer plano... el plano intermedio... el fondo... las superficies y los colores.

- Algunas preguntas útiles para plantearte son las siguientes:

  - ¿Qué pensamientos surgen cuando miro de esta manera?
  - Si los hubiere, ¿de qué emociones o estados de ánimo soy consciente?

- Ahora centra tu mirada en un área pequeña. ¿Cómo percibes lo que rodea esta área (o punto)? ¿Qué sucede con el resto de la imagen cuando te centras de manera tan exclusiva como puedes en dicha área?
- Tras dedicar un tiempo a observar de ese modo, permite que tu enfoque se suavice haciendo que tus músculos oculares se relajen y tu mirada se desenfoque. Después de un periodo, comienza a experimentar cambiando tu mirada de diversas maneras. Por ejemplo:

  - ¿Puedes ampliar el área de tu mirada hasta abarcar toda la visión?
  - ¿Puedes cambiar el foco de atención sin mover los ojos, o bien el enfoque y tus ojos están relacionados?
  - ¿De qué eres consciente (pensamientos, sensaciones, emociones) cuando tu atención se reparte de manera uniforme por toda la visión?
  - ¿Qué adviertes si te centras ahora a modo de un láser de nuevo en un punto?

- Continúa jugando con el foco de tu mirada y experimentando con lo siguiente:

  - Sin mover la cabeza, ¿puedes ver partes de ti mismo? Por ejemplo, tu nariz… tus gafas… tu labio superior…

– Experimenta llevando ahora tu atención hacia el interior pero manteniendo los ojos abiertos. ¿Sientes la respiración? ¿Tu cuerpo? ¿Eres consciente de los pensamientos, los sentimientos, o ambos?

• Experimenta ahora desplazando la mirada alrededor de la habitación, pero permanece concentrado internamente. Observa los diferentes objetos de la habitación.

• Sé consciente ahora de tu propio cuerpo tanto como puedas mientras sigues mirando la escena que hay ante ti.

– ¿Sientes tu respiración? ¿Tu cuerpo?

– ¿Eres consciente de los pensamientos y de los sentimientos?

– ¿Qué sucede con la mirada cuando diriges tu atención hacia el interior?

– ¿Puedes percibir las sensaciones físicas producidas por la respiración?

– ¿Percibes el modo en que tu respiración mueve tu cuerpo?

• Sigue centrando tu consciencia completamente en ti mismo… en tu respiración y en tu cuerpo. Al mismo tiempo, permite que tu mirada se desplace entre los diferentes objetos de la habitación.

• Transcurrido algún tiempo, deja de centrar la mirada en los objetos y concluye lentamente el ejercicio. A continuación, puede que desees cerrar los ojos para descansar. Luego, muévete, estírate, bosteza, o haz cualquier otra cosa que tu cuerpo te pida.

El ejercicio de la visión atenta nos ayuda a subrayar la posibilidad de que podemos cambiar la forma en que percibimos los sucesos en nuestra vida y, al hacerlo, remodelar nuestra experiencia de cualquier acontecimiento. La historia de Irmgard, por ejemplo, ilustra cómo su percepción de una experiencia difícil en el pasado se transformó en una fuente de sabiduría para afrontar los retos actuales:

Cuando tenía alrededor de seis años, bajé al sótano para recoger mi bicicleta. La bombilla estaba rota, pero entraba un poco de luz solar a través de la ventana sucia. En algún momento, me pareció ver la sombra de un hombre con una pistola. Salí corriendo del sótano. Hasta el día de hoy no sé si de verdad había alguien allí o no.

Recurrí al MBSR porque tengo un montón de temores: acerca de mi trabajo, de mis hijos y de la vida en general. La práctica del mindfulness me ha ayudado a entrar en contacto con algunos de mis temores. He aprendido a convivir con las sensaciones, pensamientos o sentimientos incómodos que surgen. Ahora, cuando me preocupa algo, en especial cuando siento que tengo que afrontar un reto, me digo a mí misma: «Es el momento de ir al sótano a buscar la bicicleta».

Aunque no puedo deshacerme del miedo inicial que aparece, soy consciente de que ya no limita a donde voy y lo que hago. Mi temor aún persiste, pero ya no me frena. Algunas veces, incluso es como un amigo que me apoya cuando estoy a punto de darme por vencida; un amigo muy querido, de hecho.

Práctica en casa:
Lecciones de respiración atenta

Como parte de la práctica en casa, después de la semana 2, se pide a los participantes que lleven a cabo una práctica de meditación de consciencia de la respiración. Muchos participantes siguen practicando esta meditación años después de la finalización del curso.

¿Alguna vez has notado cómo la respiración cambia según nuestro estado de ánimo? Es corta y ligera cuando estamos tensos o enojados, más rápida cuando estamos excitados, constante y fuerte cuando somos felices, y casi ausente cuando nos sentimos asustados. La respiración nos acompaña todo el tiempo. Si hacemos la práctica de ser conscientes de nuestra respiración, podemos utilizarla para anclar y estabilizar el cuerpo y la mente en el presente. Podemos sintonizar con nuestro aliento en cualquier momento.

La mayor parte del tiempo no estamos en contacto con nuestra respiración. Esta es la razón por la que uno de los primeros ejercicios de mindfulness en el MBSR consiste en conectar con ella. No tenemos que controlar la respiración; solo queremos ser conscientes de ella lo mejor que podamos y llegar a conocerla como lo haría un amigo.

La atención a la respiración nos enseña que es posible estar presentes, respiración tras respiración, en cada inspiración y espiración. Nos ayuda a anclarnos en el aquí y ahora, experimentando al máximo el momento presente. Al mismo tiempo, demuestra que el mindfulness no es un estado permanente, sino que hay que asentarse en él una y otra vez. Volver la atención a la respiración cada vez que nos damos cuenta de que nos hemos distraído es un paso decidido hacia el sostenimiento del despertar, así como hacia la puesta en práctica de una atención meticulosa en nuestra vida.

La confianza sutil derivada de ser capaz de volver al momento presente mediante la atención a la respiración resulta estimulante y fortalecedora para muchas personas. Les transmite la sensación de que, en lugar de ir a la deriva sin rumbo alguno, pueden comunicarse y fluir con los momentos de la vida.

También es posible ver en la atención a la respiración (como hemos hecho en el escáner corporal) que podemos ser muy críticos con nosotros mismos y que nuestra necesidad de hacer correctamente las cosas es muy poderosa. Cuando nos damos cuenta de que la mente ya no está centrada en la respiración, es fácil quedar atrapado en diversas respuestas mentales como, por ejemplo, juzgarnos o criticarnos efectuando comentarios como «Es demasiado duro», o bien empezar a reír de lo absurdo que nos parece todo.

Cultivar un sentido de amistad hacia nosotros mismos y un amable reconocimiento de la severidad que brota en nuestro interior constituye un primer paso hacia la sanación. En lugar de centrarnos en cómo acertar o satisfacer un estándar, afirmamos, respiración tras respiración, que la vida puede fluir, especialmente cuando nos desviamos del camino y nos permitimos tan solo ser.

La actitud que albergamos hacia nosotros mismos es tan importante, en la meditación, como conocer la técnica. Nuestra actitud afecta a la práctica. Si tenemos la impresión de que la meditación es una prueba que superar, la convertiremos en un deber desagradable. Si estamos demasiado centrados en relajarnos, podemos llegar a sentirnos tensos, agotados y decepcionados en el caso de que no consigamos relajarnos.

Ejercicio: La respiración atenta

Estas instrucciones están diseñadas para guiarnos a través de la práctica de la respiración atenta. Hay varias maneras de trabajar con ellas:

1. Puedes leer el texto, haciendo una pausa al final de cada sección.
2. Puedes leer todo el texto en primer lugar, posiblemente varias veces, y luego practicar la respiración atenta durante un cierto tiempo sin mirar el texto.

Si la meditación sedente es novedosa para ti, te sugerimos que, de entrada, practiques durante diez minutos cada vez.

- Escoge cualquier ayuda que te permita estar más cómodo: una silla, una banqueta, un cojín o siéntate en la cama.
- Siéntate lo mejor que puedas en una posición relajada y erguida. Deja caer suavemente tu barbilla hacia el pecho, hasta sentir un alargamiento y un estiramiento muy leve de la parte posterior del cuello. Descansa las manos sobre los muslos, o sitúalas una sobre otra en tu regazo: aquello que te

resulte más cómodo. Puedes cerrar los ojos o dejarlos abiertos y mirar suavemente hacia abajo.

- Dedica, mientras estás sentado, unos momentos a experimentar tu cuerpo. Sintoniza con tu cuerpo, percibiendo todas las sensaciones de las que puedas ser consciente. Estas podrían incluir el contacto entre tus nalgas y la superficie en la que estás sentado o el contacto de tus manos, ya sea entre sí o con los muslos.

- Dirige tu atención a las sensaciones producidas por la respiración. Es recomendable enfocar tu consciencia hacia la zona del cuerpo donde percibas la respiración con más claridad. Quizá sea en el abdomen; si es así, siente cómo se expande y libera al inspirar y espirar... Quizá sientas la respiración en la parte superior de tu cuerpo, con las costillas y los pulmones moviéndose con cada ciclo respiratorio. Es posible que sientas la respiración más claramente en los bordes de las fosas nasales mientras percibes que entra y sale el flujo de aire. También es posible que sea en otra área del cuerpo donde sientas más vívidamente las sensaciones de la respiración.

- Escoge una de estas áreas y permanece ahí durante el resto del ejercicio.

- Sé consciente de las sensaciones mientras la respiración fluye hacia el interior de tu cuerpo... y cuando sale. Tan solo permite que la respiración vaya y venga, tal como se produce, a su propio ritmo.

- Puedes observar que, de vez en cuando, quieres que tu respiración sea diferente de la forma en que es. Tan solo observa que este pensamiento ha surgido y, entonces, amable y claramente, dirige de nuevo tu atención al flujo del aire que entra y sale del cuerpo.

- También puedes advertir que efectúas comentarios mentales sobre el proceso, ya sean positivos o negativos. Por ejemplo: «Estoy haciéndolo especialmente bien hoy» o «Sencillamente, este ejercicio no me funciona». Tan pronto como seas consciente de este tipo de comentarios, limítate a tomar nota de ellos: «Esto es solo un pensamiento». Y, a continuación, dirige tu atención a la respiración con una actitud de amabilidad y curiosidad. No juzgues. No es necesaria la autocrítica. Tan solo retorna con delicadeza a la respiración.

- Siente cómo una respiración sigue a la otra. Quizá seas también consciente de la pausa entre respiraciones.

- Mientras practicas, puedes advertir que tu atención divaga, llevándote a quedar atrapado en fantasías o recuerdos. También puedes hacer planes para el futuro o preocuparte por algo. Cuando adviertas esto, haz una pausa durante un momento y observa a dónde te han arrastrado tus pensamientos, como, por ejemplo: «Estoy planeando mi próxima salida de compras», o «Estoy preocupado por una conversación que he mantenido con mi compañero».

- Es completamente natural que la atención se desvíe. En la práctica del mindfulness, no consideramos esto un problema o un error por nuestra parte, sino que observamos la tendencia a distraernos, de igual modo que nos damos cuenta de todo lo demás y, a continuación, volvemos a las sensaciones producidas por la respiración.

- Acompaña a tu respiración, aliento tras aliento, tal como es en este momento, sin controlarla ni juzgar nada.

- Si eres consciente de que hay alguna tensión en el cuerpo, comprueba si es posible que tu consciencia se suavice. Tal vez sea útil aflojar la focalización sobre tu respiración.

- Si tu consciencia es demasiado floja, sin embargo, puedes advertir que te distraes o que sientes somnolencia. Cuando te des cuenta de ello, devuelve tu atención a la sensación de la respiración.

- Al mismo tiempo, mantén viva tu curiosidad acerca de la respiración. ¿Son las respiraciones cortas o largas? ¿Son superficiales o más profundas en el cuerpo? La divagación también puede derivarse de que nos hallamos en el modo de piloto automático y, en consecuencia, debemos apoyarnos a nosotros mismos infundiendo mayor interés y una sensación de vitalidad en el proceso de la respiración.
- Observa las sensaciones presentes al inspirar... y al espirar.
- De vez en cuando, dirige tu atención a la postura y al modo en que estás sentado. Quizá estés inclinado hacia delante o tengas los hombros demasiado elevados. Tal vez la parte superior de tu cuerpo se halle ligeramente vencida o inclinada hacia un lado. Si este es el caso, entonces modifica de manera consciente tu posición. Si te mueves, hazlo como si se tratase de un ejercicio de mindfulness, prestando atención a todas las sensaciones producidas por el movimiento y los cambios en tu cuerpo. Cuando lo haces de este modo, similar a la forma en que llevamos a cabo las posturas de yoga, entonces, se transforma en un movimiento consciente.
- Tan solo acompaña a esta respiración... y la siguiente respiración... y la siguiente...
- Cuando decidas concluir el ejercicio, permanece unos momentos sentado tranquilamente. Después, estírate un poco y quizá masajea suavemente tus sienes o mueve los hombros, las manos y los pies. Levántate poco a poco y, durante un breve periodo, camina lentamente de una forma relajada.

Semana 3
Estar en casa
en nuestro propio cuerpo

El viaje de descubrimiento que comenzó con el escáner corporal continúa, durante la semana 3, con el yoga. Uno de los focos de la tercera sesión del curso de MBSR consiste en aprender una serie de ejercicios suaves de yoga para practicar en casa. Katharina Meinhard, instructora en el instituto, describe del siguiente modo el papel que desempeña el yoga en el MBSR:

> Muchas personas tienen una imagen distorsionada de su cuerpo y de sus posibilidades. Mediante posturas y movimientos sencillos, el yoga consciente puede ayudarnos a darnos cuenta de esas ideas erróneas y del modo en que los viejos patrones de movimiento y pensamiento sabotean nuestra salud física, emocional y mental.
>
> El yoga promueve la consciencia corporal, la fortaleza, la flexibilidad y la coordinación. El cuerpo y la respiración pueden ser reexperimentados de un modo fresco. Fomentando una actitud de amabilidad hacia nosotros mismos y la mirada de la men-

te de principiante, el yoga nos permite cultivar autoaceptación, paciencia y confianza.

No hay ningún objetivo lejano que deseemos alcanzar porque, tal como somos ahora, somos únicos, completos e íntegros. Reconocer y apreciar esto nos abre a la maravilla del momento presente para dar un paso más en dirección a la integración y la plenitud.[23]

Volver al hogar en ti mismo

Lo que muchas personas descubren con la práctica del yoga (y antes con el escáner corporal) es que rara vez nos sentimos en casa en nuestro propio cuerpo. La mayor parte del tiempo habitamos en nuestra cabeza. Ya sea en el trabajo, en la vida diaria, o incluso en los momentos de tranquilidad cuando estamos aparentemente relajados, nuestra mente está ocupada con pensamientos, planes, recuerdos o problemas que resolver. Solemos alojarnos en nuestra cabeza hasta que algo sucede. Puede tratarse del diagnóstico de una enfermedad o de un accidente, o quizá tornarnos conscientes del dolor. De repente aparecen las sensaciones corporales, junto con fuertes emociones como ira, rechazo o vergüenza.

Durante la primera reunión del curso, Karin, una mujer de 38 años diagnosticada de esclerosis múltiple, dijo al grupo: «Cuando supe que padecía esclerosis múltiple, me sentí muy enfadada con mi cuerpo. Ya no podía hacer las cosas de la manera en que solía hacerlo. Me encanta el surf, pero no tenía la fuerza para ponerme de pie en la tabla. Ya no podía confiar en mi cuerpo. Me sentía muy decepcionada y frustrada». El comentario de Karin emocionó a muchos de su clase, no solo porque compartió sus sentimientos, sino también porque fueron muchos los que se reconocieron en sus palabras. Una primera reacción que muchas personas tienen cuando enferman es sentir que su cuerpo los ha traicionado. Es posible entonces que experimenten enfado, miedo, frustración, remordimiento y toda una serie de emociones y pensamientos. Este no suele ser un momento en el que estemos dispuestos a escuchar palabras alentadoras; la sensación de pérdida es demasiado fuerte.

Karin siguió con su historia:

Me inscribí en el curso de MBSR porque quería hacer las paces conmigo misma. Sabía que nunca sería capaz de surfear de nuevo. Pero incluso más difícil de afrontar eran todos mis pensamientos negativos y juicios que albergaba sobre mí.

Sin embargo, ahora, debajo de toda esa aspereza, escucho a veces una voz más amable que me dice: «¡Vamos, Karin! Te gusta el mar. No te niegues esa alegría a ti misma».

En cada momento, sea cual sea la condición de nuestra salud, estamos vivos, respiramos y seguimos formando parte de la vida. Hay algo muy poderoso en este hecho; tiene la misma energía que permite a una semilla germinar en primavera tras pasar un invierno en estado de letargo.

Cuando enfermamos, o bien cuando las exigencias de habernos extralimitado se cobran su peaje, puede que nuestra vida ya no incluya todas nuestras anteriores actividades. Sin embargo, la vida aún nos llama a cada momento: «¿Estás ahí? ¿Estás presente?». También hay otra pregunta que nos susurra suavemente: «*¿Estás dispuesto a considerar la posibilidad de que tu actual situación no sea el fin, sino el principio de una nueva etapa vital?*». En caso afirmativo, la práctica del mindfulness nos ayuda a dejar marchar la vida que fue para poder vivir la vida que es.

Yoga: el mindfulness de los límites

Cuando, en la práctica del yoga, exploramos nuestra experiencia de los ejercicios físicos y nuestras reacciones a ellos, surge a menudo el tema del encuentro con los límites. En general, muchas personas no son conscientes de sus límites, ya sea porque constantemente tratan de ir más allá, o porque les da miedo acercarse demasiado a ellos. En ocasiones, un movimiento nos resulta difícil y dejamos de hacerlo; otras veces nos esforzamos en estirar más y más, más allá de lo que es aconsejable para nosotros en ese momento. A veces estamos tan preocupados por el esfuerzo que perdemos completamente el contacto con nuestro cuerpo.

La palabra «límite» suele tener una connotación negativa. Implica que algo está circunscrito o prohibido. El consejo habitual para trabajar con los límites es «romperlos» o «ir más allá» de ellos. Sin embargo, no respetar nuestros límites puede abocarnos a forzarnos a nosotros mismos hasta un punto nada recomendable para nosotros.

Cobrar consciencia de nuestros límites, por otro lado, es una invitación a sentarse y darse cuenta. Los límites nos invitan a cuidar de nosotros mismos. Nos abren a nuevos niveles de sensibilidad que demandan de nosotros que nos acerquemos para explorar con cuidado y ternura. Sintonizar con nuestro cuerpo nos ayuda a sintonizar con nosotros mismos, y esto nos anima a preguntar: «¿Cómo debo cuidar de mí mismo?».

En la práctica del mindfulness, descubrimos que los límites se adaptan y cambian y que, en lugar de romperlos a la fuerza, cabe la posibilidad de explorarlos.

Más adelante en el curso, Karin nos contó más cosas acerca de su cambio de actitud hacia sí misma:

La semana pasada intenté subir de nuevo a mi tabla de surf. Mi marido me observaba luchar y podía ver mi propio dolor reflejado en sus ojos. Después de intentarlo por lo menos seis veces, me sentí agotada. Me rendí y floté sobre mi espalda durante un rato bastante largo. Toda la tensión se disolvió, como si el océano la fuera absorbiendo. Me sentía en paz. Y, de repente, me di cuenta de que todavía era capaz de surfear. No en la parte superior de mi plancha, sino junto a ella. Ahora experimentaba el océano de una manera como nunca antes la había sentido… Esto puede sonar un poco cursi pero, si antes surfeaba las olas, ahora soy las olas.

El yoga como sintonización con uno mismo

En el yoga, practicamos la sintonización con las sensaciones de la misma forma que durante el escáner corporal. A medida que comenzamos a explorar las sensaciones y sus diferentes niveles de intensidad, advertimos que se componen de diferentes cualidades como, por ejemplo, ligereza, pesadez, calor, frío, cosquilleo o picazón, por nombrar solo unas pocas. Las sensaciones que percibimos también varían de un día a otro, incluso de una hora a otra o con cada respiración. Podemos experimentar ligereza, que se relaja la tensión muscular, o una sensación más poderosa de estabilidad. También es posible experimentar opresión, ardor o palpitaciones. Algunas sensaciones serán más agradables que otras. Y esto también es algo que cambia de un momento a otro.

Si acudes al yoga con una historia de dolor crónico, posiblemente llegues a ser consciente de tu dolor de un modo que nunca antes habías percibido. Esto no significa necesariamente que tengas más dolor, sino tan solo que eres más consciente de él. Al principio, tal vez emerja una sensación de decepción o confusión, en especial si estás decidido a deshacerte de tu molestia. Sin embargo, a medida que prosigues con tu práctica del mindfulness, te das cuenta de que haces a un lado tus objetivos y tan solo preguntas tranquilamente a cada momento: «¿Qué es esto? ¿Y esto? ¿Y esto?».

Consejos útiles para la práctica del yoga en el MBSR

Practicar yoga no es lograr algo o tan solo preocuparse acerca de cómo realizar los ejercicios. Practicar yoga de manera atenta tiene que ver con ser cada vez más conscientes de nosotros mismos y de lo que vivimos en cada momento. Algunas preguntas que nos ayudarán a prestar más atención son las siguientes: «¿Qué está sucediendo ahora?». «¿Qué siento?». «¿Qué percibo?».

Practicamos la consciencia de las sensaciones que experimentamos advirtiendo si son cada vez más intensas o más débiles. También nos damos cuenta de nuestras reacciones a las sensaciones. Por ejemplo, cuando te observas a ti mismo, ¿te sientes estable y tranquilo? ¿Percibes inquietud y tienes pensamientos erráticos? Intenta ser consciente de todo lo que suceda, pero sin modificar, agregar u omitir nada. Puedes advertir, sin embargo, que intentas hacerlo de todos modos. En la medida de lo posible, presta atención a esto como tu práctica, es decir, sencillamente permanecer, en cada momento, con lo que es.

Cuando practicas yoga, es importante respetar lo que es posible para ti en un determinado día. Si tienes la sensación de que hacer un ejercicio no es bueno para ti o, tal vez, no te resulte posible ese día, entonces no hacerlo es una manera de cuidar de ti mismo; insistir en ello sería exactamente lo contrario a lo que necesitas. Si decides no efectuar un determinado ejercicio, adopta una postura cómoda, cierra los ojos y lleva a cabo el ejercicio tan a fondo como puedas con el ojo de tu mente. También tienes la opción de modificar el ejercicio y trabajar de acuerdo con tu capacidad. El instructor estará encantado de explorar contigo diferentes alternativas.

Hemos mencionado la idea de que el yoga tiene que ver con explorar los límites, pero ¿cómo exactamente hacemos esto? Por ejemplo, cuando te estiras en una postura, puedes advertir que estás pensando que deberías dejar de hacer el estiramiento. Puedes darte cuenta que te detienes antes de que aparezca cualquier sensación de molestia, o notar que te detienes antes de lo necesario. Por otro lado, también es posible observar que sientes la necesidad de ir más lejos y que, en el intento de conseguirlo, te esfuerzas más allá de lo que es útil o saludable para tu cuerpo. Cultiva la intención de cuidar de ti mismo y considera si es posible abstenerte de seguir el impulso que aparece. A continuación, regresa a la postura de yoga y sigue adelante.

La práctica del yoga nos permite aprender muchas cosas acerca de nuestro cuerpo, nuestra mente y nuestro corazón y aprovechar todas esas lecciones para vivir con plena atención: descubriendo el espacio que existe entre hacer más de la cuenta y hacer demasiado poco, encontramos la manera de hacer justo lo suficiente. De ese modo, aprenderemos a confiar en la sabiduría inherente a la pregunta «¿Cuál es, en mi caso, la mejor manera de hacerlo?».

Ser conscientes de nuestra relación con las sensaciones, incluyendo el dolor

Una reacción frecuente ante el dolor es la resistencia, la cual suele adoptar la forma de una contracción corporal a modo de anticipación o reacción. Mentalmente, también podemos contraernos, o bien tratar de distraernos.

Cuando se nos pide que describamos una sensación, tendemos a hacerlo en términos de nuestra reacción emocional. Nos gusta… no nos gusta… o nos resulta indiferente. Puede haber varias reacciones a la misma situación. Para los atletas, tener dolor en los músculos después de un esfuerzo es algo a lo que están acostumbrados. También saben que el estiramiento adecuado aumenta la flexibilidad y mejora el rendimiento. Para las personas que padecen una condición de dolor crónico, experimentar tensión muscular o dolor puede ser un signo de que la situación está empeorando, y temen el estiramiento porque el dolor puede aumentar.

¿Por qué es útil conocer la distinción entre describir una sensación lo más objetivamente posible y tener una reacción emocional a ella? Cuando yo (Petra) planteo esta pregunta en las clases de MBSR, hay participantes que me miran con escepticismo. Algunos dicen de manera contundente: «¡Es dolor!», mientras que otros señalan: «Parece que estás diciendo que debo aceptar el dolor. ¿Pero lo natural no es desear deshacerse de él?».

A medida que el curso avanza, los participantes confirman por sí mismos lo que muchos nos dicen que han descubierto: no existe garantía alguna de que el malestar vaya a terminar, pero podemos cambiar la relación que establecemos con él. Este cambio pasa por dejar de ser una víctima para ser un testigo activo.

Shinzen Young, una maestra americana de meditación que ha trabajado con muchos pacientes aquejados de dolor crónico, describe de la siguiente manera la relación entre dolor y resistencia:

Puede surgir, por ejemplo, una sensación incómoda en la rodilla cuando estamos meditando. Al mismo tiempo, observamos que, en reacción al dolor, apretamos los dientes y tensamos otras zonas del cuerpo, mientras que en nuestra mente irrumpe una secuencia de juicios y pensamientos de aversión.

La sensación en la rodilla es el dolor. La tensión es nuestra resistencia corporal. Los juicios al respecto son la resistencia mental. La resistencia se distingue claramente del dolor. Cuando relajamos conscientemente la tensión y abandonamos los juicios, aunque el nivel de dolor sea el mismo, parece ser menos problemático... Estamos dando nuestros primeros pasos en el aprendizaje de cómo experimentar hábilmente el dolor.[24]

Tal como es, es correcto

Para alguien que está acostumbrado a esforzarse por destacar, la declaración «Tal como es, es correcto» no parece admisible. Para ese tipo de personas, sencillamente no es una opción que deba ser sopesada ni siquiera un instante. Suena demasiado parecido a la aceptación pasiva de como son las cosas. Su *modus operandi* es ver cada situación como un reto que hay que superar, con la mandíbula apretada y todo lo demás.

El yoga es un campo de práctica en el que reconocemos esta modalidad de supuesta automotivación disfrazada en forma de juicio a uno mismo. Los ejercicios de yoga nos permiten aprender que nuestra autoestima es independiente de nuestro éxito. Reconocer la realidad del momento, tanto en el yoga como en la vida, amplía nuestra mente y abre nuestro corazón. Si nos sentimos rígidos una determinada mañana y, en lugar de forzarnos más allá de un cierto punto, nos relajamos cada vez más, puede surgir en nuestro interior un delicado agradecimiento, no tanto en forma de palabras, sino como una sensación de relajación y alivio que se asienta en nuestro cuerpo.

Tanto el yoga como el escáner corporal nos hacen ser conscientes de que nuestro cuerpo es un complejo órgano sensible que se halla en continua transformación. Cuando somos conscientes de la transitoriedad de todas las cosas, incluyendo nuestro cuerpo, podemos experimentar una sensación de ternura hacia el frágil organismo que nos acompaña. Gracias al mindfulness llegamos a reconocer que el cambio no es un obstáculo, sino un indicador del potencial que atesoramos y que nos ayuda a vivir una vida plena *con* el dolor y no a pesar de él.

Muchos de los participantes en el curso de MBSR descubren que es posible convivir con las dificultades y el dolor sin intentar deshacerse de ellos o alterar las cosas. Con ello, se disipan las batallas que tienen lugar en su interior, al tiempo que aumenta la sensación de autoaceptación. Las personas que alguna vez sintieron que eran incapaces de practicar yoga comprueban que pueden hacer más de lo que habían imaginado. El vaso ya no está medio vacío sino medio lleno y, a veces, incluso a punto de desbordarse.

La práctica del mindfulness contribuye a liberarnos de la prisión de la perfección y a reconocer la tierna belleza de nuestro imperfecto –y maravilloso– cuerpo, así como de nuestra vida.

Semana 4
¿Qué es el estrés?

La cuarta semana del programa MBSR generalmente comienza con una meditación guiada. Reflexionamos con mayor profundidad sobre cómo el entrenamiento en mindfulness nos ayuda a gestionar situaciones difíciles y a afrontar más eficazmente lo que nos resulta estresante en nuestra vida, lo cual también es el tema de la presente sesión.

A través de la práctica, constatamos que se fortalece nuestra capacidad de ser conscientes de nuestra respiración, aunque esto no es tan sencillo como parece a primera vista. En nuestra práctica de meditación diaria, no tardamos en observar lo difícil que resulta realmente reposar nuestra atención en la respiración. Cuando estamos practicando, quizá nos preocupe el dolor en las piernas, o bien los pensamientos inundan nuestra mente en forma de recuerdos, planes, esperanzas y temores. A menudo, alguno de ellos capta nuestra atención hasta el punto de que transcurre mucho tiempo antes de que nos demos cuenta de que hemos perdido el contacto con la respiración. Llenos de determinación y optimismo, empezamos otra vez, solo para darnos cuenta, pasados unos momentos, de que nuestros pensamientos se han dispersado de nuevo. Entonces podemos preguntarnos, «¿Quién es el que manda aquí?».

Desde el momento en que empezamos a practicar el mindfulness, se torna evidente que nos distraemos y caemos fácilmente en la dispersión y la inconsciencia. Como un niño que exige un juguete, y luego se cansa de él para querer otro y otro, nuestra mente salta de un pensamiento –de un objeto de consciencia– a otro. No obstante, la práctica regular del mindfulness nos permite empezar a comprobar que es posible entrenar y calmar nuestra mente inquieta.

Es conveniente que los participantes de la clase compartan entre ellos sus experiencias meditativas, así como que reciban apoyo y orientación por parte del instructor. De lo contrario, es demasiado fácil desanimarse con ideas tales como: «La meditación simplemente no me funciona», o «Nunca seré capaz de hacerlo; tan solo consigo distraerme y cada vez estoy más inquieto».

Necesitamos paciencia en este punto para aceptar que la observación y el reconocimiento de nuestra inquietud mental son elementos integrales del viaje del mindfulness. Distraerse –y observar que nos hemos distraído– forma parte de la meditación mindfulness, tanto como reposar tranquilamente en nuestro objeto de consciencia. Percibiremos que, con el tiempo, cuanto más practicamos el mindfulness, nuestros pensamientos tienden a disminuir progresivamente. En particular, podemos constatar que el rastro de los pensamientos aleatorios ya no nos desvía con tanta frecuencia y que tendemos a reconocerlos con mayor premura: «Ahí viene un pensamiento, pero no debo seguirlo. Mi intención ahora es permanecer concentrado en la respiración».

Un participante del curso lo expresó del siguiente modo: «Si me doy cuenta de que mi mente está inquieta y de que mis pensamientos saltan de aquí para allá, les digo de manera amistosa: "Podéis ir donde queráis, pero yo me quedo aquí"».

El cuerpo y la respiración

Practicar la atención a la respiración nos ayudará a ser más consciente de nuestro cuerpo y de cómo nos relacionamos con el mundo que nos rodea. Así pues, una vez que hayamos desarrollado cierta habilidad para prestar atención a la respiración, centramos el mindfulness en el cuerpo. En primer lugar, debemos llegar a ser conscientes de nuestro cuerpo como un todo y, a continuación, sintonizar con la consciencia de las sensaciones corporales. Percibimos las sensaciones de manera tan imparcial como podamos y simplemente observamos cómo se manifiestan. Al mismo tiempo, siendo conscientes de las sensaciones físicas, aprendemos a no reaccionar de inmediato, con independencia de si son agradables, desagradables o neutras. Más adelante, en este libro, mostraremos de qué modo esto puede ser útil para reducir el estrés.

Ejercicio de mindfulness: Consciencia de la respiración, del cuerpo y de sus sensaciones

- Como siempre, inicia el ejercicio tomando consciencia de la postura sedente y dedicando un periodo a encontrar una posición recta y cómoda. A continuación, centra la consciencia en la zona del cuerpo en la que percibas la respiración con más claridad: punta de la nariz, costillas, región abdominal, o cualquier otra parte del cuerpo. Practica la respiración atenta tal como hemos mostrado antes.

- Es posible que te distraigan con frecuencia los pensamientos. Cada vez que reconozcas que eso ocurre, devuelve tu consciencia a la respiración de manera tan paciente y suave como te sea posible.

- A veces aparecerá algún tipo de expectativa, es decir, el deseo de obtener algo específico, como una experiencia agradable o la posibilidad de deshacerse de una desagradable. Cuando esto suceda, trata de observar la expectativa en sí misma sin verte atrapado por ella. Tal vez adviertas que dicha expectativa genera tensión en tu mente y tu cuerpo. Comprueba si te resulta posible abandonar la expectativa y seguir sentado, observando lo que surge, sin intervenir en modo alguno.

- Después, cuando estés preparado, expande tu atención para incluir la totalidad de tu cuerpo. Quizá sientas la forma de todo el cuerpo y el espacio que ocupa, o que percibas el límite –la piel– de tu cuerpo. Puedes percibir sensaciones físicas como hormigueo, presión, tensión o picazón. Permite, en la medida de lo posible, que tu consciencia permanezca centrada con delicadeza en estas sensaciones mientras se hacen sentir. Seguidamente, cuando disminuyan en intensidad, devuelve tu consciencia a la totalidad del cuerpo, sentado tal como estés en ese momento.

- No hay necesidad de obligarte a sentir las sensaciones de una determinada manera o de ir en busca de ellas. Sé consciente del cuerpo lo mejor que puedas y observa, en cada momento, lo que surge.
- Cuando la meditación toque a su fin, deposita tu atención en la respiración, siendo consciente de que va y viene, una respiración tras otra. Entonces, cuando estés preparado, concluye del modo que prefieras la meditación.

El estado de ánimo durante la cuarta sesión puede ser ambivalente. Los participantes del curso observan que, cuando se ocupan de las actividades de su vida cotidiana, mejora su capacidad de concentrarse en una sola cosa a la vez y que el mindfulness se establece por sí mismo. Al mismo tiempo, sin embargo, algunos perciben que son más conscientes que antes de las sensaciones desagradables, el dolor, los problemas y los síntomas del estrés.

Como hemos mencionado, la práctica del mindfulness nos hace ser más conscientes de cosas que antes nos pasaban desapercibidas o a las que prestábamos menos atención. Estas incluyen los sucesos agradables, alegres y gratificantes, así como las circunstancias personales adversas, las situaciones difíciles y las sensaciones dolorosas.

Desarrollar una mayor consciencia es una de las claves de por qué el mindfulness nos permite gestionar el estrés de una manera más hábil. Para efectuar cambios que conduzcan a la reducción del estrés, primero necesitamos saber qué es lo que está sucediendo. Cuando lo hacemos, podemos explorar mejor lo que tenemos que cambiar y aquello que necesitamos para lograrlo.

Si estamos enfermos y acudimos al médico, empezará haciéndonos un análisis, después efectuará un diagnóstico y, basándose en el diagnóstico, recomendará el tratamiento adecuado. Lo que el médico no va a hacer en ningún caso es aconsejarnos que ignoremos nuestra enfermedad. Asimismo, es fundamental, para nosotros, que exploremos el origen de nuestro estrés y el modo exacto en que afecta a nuestra vida y nuestra salud. Al principio, es inevitable que esto resulte un tanto extraño e incómodo, dado que, en lugar de afrontar las experiencias y las sensaciones desagradables, tenemos la tendencia de evitarlas.

Quizá sea útil recordar la explicación sobre el estrés efectuada en el capítulo 2. Cuando estamos sometidos al estrés, se activa automáticamente la respuesta de lucha o huida, lo cual significa que intentamos evitar, eliminar o anular la causa del estrés y las emociones generadas por él. Si nos sentimos agitados, ansiosos y confusos, nos resulta muy difícil permanecer sin intervenir con lo que surge. En el pasado, hemos intentado reducir la intensidad de estas emociones, por ejemplo, culpando a otros o entregándonos a determinados comportamientos, como la automedicación. No estamos acostumbrados, sin embargo, a permanecer presentes de manera consciente con lo que emerge en nuestro interior. Aunque esto sería mucho más útil, a largo plazo, que combatir o intentar suprimir partes de nosotros mismos, el enfoque anterior no nos conduce a nuestro hogar.

La presión interna para resolver los problemas y deshacernos de lo que no nos resulta placentero es muy poderosa. En esta cuarta sesión del curso, analizamos con mayor detalle este particular. Cuando lo hacemos, se torna más evidente por qué es útil reconocer nuestros problemas y permanecer con las emociones o los pensamientos que aparezcan, en vez de negarlos o de reaccionar ciegamente a ellos. Porque cuando negamos nuestras experiencias (desagradables), el patrón de evitación, que tiene su origen en el modo de lucha de la reacción al estrés, genera un miedo inconsciente, un miedo que se convierte, en sí mismo, en un desencadenante del estrés. Así pues, negar las experiencias desagradables propicia, en última instancia, la interiorización en el cuerpo del estrés crónico. Así pues, el mindfulness nos enseña cómo afrontar lo desagradable y permanecer con ello.

Para muchos de los participantes, la cuarta sesión es un punto de inflexión en el que empiezan a entender más profundamente el mindfulness y la razón de por qué es recomendable interrumpir el modo de comportamiento con el piloto automático. También se torna más evidente por qué el MBSR no es una solución rápida para deshacerse del estrés, sino principalmente un modo de reducir la experiencia del estrés variando la forma en que nos relacionamos con nuestra vida.

Al igual que el día y la noche, no podemos cambiar que el estrés forma parte de nuestra vida. Lo que sí podemos cambiar es cómo nos relacionamos con nuestras experiencias y afrontamos el estrés. En eso es en lo que vamos a centrarnos durante las restantes sesiones. Cada participante del curso busca su propia respuesta a una pregunta fundamental: ¿Cómo puedo aprender a relacionarme con las situaciones en mi vida que me resultan estresantes para poder afrontarlas hábilmente y no permitir que roben lo mejor de mí?

En esta etapa del curso, el instructor imparte una breve charla sobre el estrés, las diversas teorías al respecto y el modo en que afecta a nuestra salud (véase el capítulo 3). En el presente contexto, es importante identificar nuestros propios desencadenantes personales del estrés y reconocer los síntomas del estrés en nosotros mismos. Comenzamos aprendiendo a reconocer los primeros signos de advertencia que nos muestran que necesitamos tomar medidas para evitar quedar atrapados en el ciclo del estrés. El escáner corporal y el yoga consciente son herramientas sumamente valiosas en este sentido porque nos ayudan a prestar atención a las sensaciones. Entre las posibles sensaciones físicas que son síntomas de estrés, pueden incluirse sentir más cansancio de lo normal, tensión muscular, problemas digestivos, dolores de cabeza, dolor de espalda o cuello, etcétera. Estas señales de estrés físico variarán entre diferentes personas. Sin embargo, lo que importa es que el entrenamiento del mindfulness nos ayuda a reconocer los desencadenantes del estrés y las reacciones de estrés y a ser más conscientes de las señales de alerta temprana relacionadas con ambos.

Gracias al entrenamiento en el mindfulness y a una mayor consciencia de nuestro cuerpo, pensamientos y emociones, vamos familiarizándonos con las situaciones que nos causan estrés. De esta manera, también somos cada vez más conscientes de nuestras habituales estrategias de afrontamiento y evaluación. Lo que más nos ayuda a desarrollar dicha consciencia es la «pausa atenta». Este tipo de pausa nos permite fortalecer la capacidad de prestarles atención, en lugar de alejarnos de ellas. A la postre, esta mayor sensibilidad hacia todos los aspectos de las situaciones estresantes y de las distintas reacciones de estrés puede propiciar una nueva manera de tratar con ambas, cuyo resultado ya no será una reacción automática o un mecanismo de evasión. A partir de la pausa atenta pueden surgir otras soluciones creativas que nos hagan ser conscientes de dónde nos hallamos (emocional, cognitiva y físicamente) en cada momento y nos permitan, en definitiva, pensar, sentir y actuar de una manera que sea, física y emocionalmente, más saludable.

Durante la semana 4, seguimos desarrollando nuestra capacidad de ser conscientes y de observar sin juzgar. En la semana 5, veremos el modo de prestar atención a los juicios inconscientes y los pensamientos generadores de estrés. Con el fin de preparar el trabajo para casa durante la semana 5, observamos cuidadosamente los desencadenantes personales del estrés y las reacciones de estrés sin tratar de modificarlos. Aunque no es tarea fácil, sin duda merece la pena.

Semana 5
El estrés: reacción
o respuesta consciente

*No es lo que experimentamos, sino cómo lo
percibimos lo que define nuestro destino.*

MARIE VON EBNER-ESCHENBACH

Durante la semana 5 solemos iniciar la clase con una larga
meditación sentada. Empezamos, como de costumbre, adoptan-
do una postura relajada y erguida y, seguidamente, enfocamos
la atención en la respiración. A partir de ahí, en el curso de la
meditación, nuestra consciencia se expande hasta incluir la totalidad de nuestro cuerpo y todas las sensaciones físicas que
puedan surgir en cada momento. En el siguiente paso, centramos nuestra atención en el sentido del oído (véase el recuadro
en la página 181).

Cuando se practica la audición atenta por sí sola, podemos
concluir la meditación llevando la consciencia a la respiración
y reposando en quietud durante algún tiempo antes de retomar

nuestras actividades cotidianas. Durante la semana 5 del curso, no obstante, no nos detenemos en la escucha atenta, sino que continuamos tomando consciencia de nuestros procesos de pensamiento y luego de las emociones. De igual modo que los sonidos van y vienen, también lo hacen los pensamientos y las emociones, es decir, aparecen, permanecen un tiempo y luego siguen su camino.

En la meditación sedente, practicamos deliberadamente la observación de los pensamientos y las emociones sin cambiarlos, juzgarlos ni identificarnos personalmente con ellos. Los pensamientos pueden girar en torno a cualquier cosa y tener relación con el pasado, el presente o el futuro. Pueden incluir planes, recuerdos, ideas y deseos, o ser agradables, desagradables o neutros. Sin embargo, sean cuales sean o del modo en que sean, los observamos lo mejor que podamos, simplemente como una actividad mental. A medida que proseguimos nuestra meditación, el mindfulness de los pensamientos y las emociones pasa a un segundo plano y descansamos durante algún tiempo en lo que se denomina la «consciencia sin elección» (véase el recuadro de la página 182).

Ejercicio de mindfulness:
La escucha atenta

- Siéntate en una posición vertical cómoda. Cuando sientas que estás instalado en la postura, sé consciente del sentido del oído. Deja que los sonidos que puedan estar presentes lleguen por sí solos a tus oídos.

- No te esfuerces en escuchar ningún sonido en particular. Registra los sonidos lo mejor que puedas sin intentar nombrarlos o calificarlos. Puede tratarse de ruidos procedentes del interior de tu cuerpo, del interior de la habitación o del exterior.

- Si te descubres identificando o evaluando los sonidos, o si estableces asociaciones mentales cuando los oyes, eso es perfectamente normal. Sé consciente de estas reacciones como lo que son: pensamientos, recuerdos, asociaciones o imágenes. A continuación, vuelve a escuchar. Explora si es posible escuchar sin decidir si te gustan o no los sonidos. Asimismo, intenta explorar el espacio que existe entre los sonidos.

- Permítete experimentar tu sentido del oído, del mejor modo posible, momento a momento. Dedica unos minutos a practicar de esta manera.

- Si lo deseas, finaliza en este punto el presente ejercicio de escucha atenta. Puedes volver entonces a la consciencia de la respiración o a las sensaciones del cuerpo en posición sedente. También puedes pasar a la siguiente meditación sobre la consciencia sin elección.

Ejercicio de mindfulness:
La práctica de la consciencia sin elección

En la práctica de la consciencia sin elección, observamos lo que surge en cada instante sin centrar nuestra atención en ninguna cosa en particular. La práctica consiste en ser consciente de los diferentes fenómenos –como sonidos, pensamientos, emociones, sensaciones y respiración– a medida que surgen en cada instante:

- Cuando sientes la respiración, experimentas la respiración.
- Cuando sientes sensaciones, eres consciente de ellas.
- Cuando oyes sonidos, tan solo escuchas.
- Cuando surgen pensamientos o emociones, simplemente observas que están ahí.

Empecemos:

- Continúa sentado y presencia el surgimiento y desaparición de cada uno de estos fenómenos sin apegarte ni tratar de distanciarte de ellos. Al hacerlo así, estás siendo testigo del flujo de la vida momento a momento, el cual incluye todos estos objetos de consciencia.
- Es posible que, de vez en cuando, te encuentres atrapado en pensamientos, emociones, sonidos o sensaciones. Quizá te descubras pensando o tratando de alguna manera de influir en ellos. Cuando lo observes, simplemente date cuenta de que tu consciencia se ha fijado en un determinado objeto y, a continuación, expande tu consciencia para captar el momento presente en su plenitud, donde todos los objetos van y vienen sin que ninguno predomine sobre los demás.

- Para concluir la meditación, vuelve a practicar la consciencia de la respiración. Si lo deseas, puedes recordar la posibilidad de practicar la consciencia sin elección en la vida cotidiana, es decir, permanecer en el momento tal como se despliega, presente a lo que es.

La consciencia sin elección

¿Qué es exactamente la consciencia sin elección? ¿De qué modo su práctica nos ayuda a lidiar con el estrés?

Gracias a la consciencia sin elección, reconocemos todo lo que se presenta sin albergar ninguna expectativa o preferencia particular. Tan solo observamos el flujo y reflujo de nuestras emociones, pensamientos, sensaciones físicas o imágenes mentales tal como emergen y desaparecen. Nuestra consciencia tiene la cualidad de un espejo que refleja, sin intentar modificarlo, aquello que sostenemos delante de él. Así pues, es posible cultivar una actitud mental que nos ayude a permanecer serenos incluso en los momentos de estrés y afrontar todo lo que suceda. Incluso podemos percibir el miedo –la sensación de «¿Cómo voy a superar esto?»– simplemente como otra faceta (de hecho, un pensamiento) de la experiencia de la vida. De esta manera, empezamos a fortalecer la presencia consciente ante las situaciones difíciles.

Ver de un nuevo modo los pensamientos

Lo importante no es lo que nos sucede,
sino cómo reaccionamos a ello.

Epicteto

Al concluir la meditación sedente, al principio de la quinta semana, los participantes comparten sus experiencias, abordando en particular la cuestión de cómo podemos observar nuestros procesos mentales sin implicarnos en su contenido. Curiosamente, son muchos los participantes que dicen que, al observar sus pensamientos durante la meditación, estos parecen desaparecer. Tomemos, por ejemplo, la experiencia de Britta. Ella dijo a la clase:

–Me parece muy sorprendente. Por lo general me paso todo el día pensando, pensando y pensando. Me siento completamente agobiada por este interminable parloteo mental. Y, aunque sé que no me hace ningún bien, sencillamente no puedo desactivarlo. Pero, hace poco, cuando intentaba analizar mis preocupaciones durante la meditación, de repente desaparecieron. ¿Cómo es posible?

Preguntada por cómo se daba cuenta de que los pensamientos desaparecían, Britta respondió:

–Simplemente no había ninguno, aunque habitualmente tengo muchos.

Entonces, el instructor le preguntó de nuevo cómo sabía que no había pensamientos.

–No lo sé, sencillamente me di cuenta de ello –respondió Britta.

–Britta –siguió preguntando el instructor–, ¿es posible que en un principio hubiese una especie de ruptura de los pensamientos y que entonces pensases algo así como «¡Eh!, mis preocupaciones se han esfumado?».

–¡Sí, así es exactamente cómo sucedió!

–¿Pero no te parece que, en el momento en que tienes la idea *¡Ya no hay pensamientos!*, eso es en sí mismo otro pensamiento? –le preguntó de nuevo el instructor.

Britta pareció confundida durante unos instantes y luego replicó:

–No, no me lo parece. Pero, mirándolo con perspectiva, es evidente. Es complicado. Realmente no lo advertí en el momento.

¿Qué entendía Britta por *complicado*? Su experiencia demuestra, en efecto, cuán sutil es la energía de nuestros pensamientos y cómo nos enredamos con ellos. Si nuestra mente permanece en blanco durante unos segundos y después somos conscientes de la ausencia de pensamientos, nos situamos de nuevo en el modo del pensamiento.

La meditación no consiste en eliminar de nuestra mente los pensamientos –un malentendido muy frecuente–, sino en reconocerlos por lo que son y, a continuación, dejarlos estar. Esto puede conducir finalmente a la comprensión de que, si bien *tenemos pensamientos, no somos nuestros pensamientos*.

Muchas de las personas que asisten a un curso de MBSR se refieren a lo anterior como una de las comprensiones más importantes y valiosas de todo el programa. El poder de dicha comprensión estriba en el hecho de que nos abre una posibilidad de elección, esto es, podemos decidir en qué pensamientos queremos creer y en cuáles no. Podemos observar los efectos que los diferentes tipos de pensamientos tienen sobre nosotros y cómo la mente es capaz de modificar la relación que establecemos con ellos.

Klaus tuvo una importante comprensión relacionada con lo anterior. Asistía al curso de MBSR porque sufría cambios de humor recurrentes y quería aprender en particular a gestionar sus pensamientos negativos, los cuales le resultaba difícil pasar por alto. Informó de que esta comprensión de la naturaleza de la mente y de los pensamientos era el único y más importante descubrimiento que había efectuado durante el curso.

En el pasado, me despertaba con pensamientos negativos como: «Sencillamente no tengo ganas de levantarme. Es inútil de cualquier modo. No hay forma de que consiga hacer todo lo que tengo que hacer hoy, así que es posible que no me moleste siquiera en intentarlo. ¿Pero qué ocurrirá si mañana estoy igual de mal? ¿Cómo terminará todo esto?».

Entonces me sentía tan mal que me quedaba en la cama. Sin embargo, eso no me hacía mejorar, sino que me hacía sentir fracasado, deprimido y malhumorado.

Ahora sé que, cuando tengo esos pensamientos, no son nada más que pensamientos. Los registro de manera consciente y, aunque no me hacen sentir bien, ya no les permito que tomen la iniciativa… Observo los pensamientos del mismo modo que lo hacemos aquí durante la práctica de la meditación, y entonces me levanto y empiezo mi jornada. Normalmente termino sintiéndome mejor. Para mí, eso es una gran novedad. Soy libre para decidir si levantarme o no. Ha revolucionado completamente mi calidad de vida.

En el capítulo anterior, te hemos invitado a examinar tus propios desencadenantes y experiencias de estrés. Quizá hayas observado de qué modo el estrés afecta a tu cuerpo y tu bienestar, así como las reacciones que tienes cuando te expones a él. Al hacer una pausa atenta, al respirar y permanecer en el momento presente, es posible crear un espacio entre el desencadenante del estrés y la reacción posterior, que por lo general se produce de forma instantánea y automática. Así pues, nos damos cuenta de que esta consciencia del espacio que existe entre el desencadenante y la reacción de estrés puede influir no solo en nuestra experiencia de la situación, sino también en su resultado.

Explorar los pensamientos que aumentan el estrés

En este punto del curso, nuestro enfoque cambia para observar cómo el mindfulness puede ayudarnos a lidiar con el estrés de una manera que mitigue su impacto negativo en nuestra salud. Como se ha descrito antes, el primer paso es hacer una pausa durante unos momentos para identificar tanto el desencadenante del estrés como nuestra reacción a él y, de ese modo, reconocer las señales tempranas de advertencia del estrés. Los ejercicios formales de MBSR, incluyendo el escáner corporal, el yoga y la meditación sedente, fortalecen la capacidad de permanecer en contacto con nuestro cuerpo y de reconocer los primeros síntomas del estrés.

La siguiente etapa consiste en descubrir lo que sucede en el nivel cognitivo –en el ámbito de nuestros pensamientos, juicios y emociones– cuando nos sentimos estresados. No es posible desterrar por completo el estrés de nuestra vida, pero sí que podemos influir en cómo gestionarlo evaluando los pensamientos amplificadores del estrés que desempeñan un papel decisivo.

En buena medida, el estrés y las emociones conflictivas se inician en nuestra mente. La investigación indica que podemos efectuar una contribución significativa a la relación con el estrés identificando nuestros desencadenantes del estrés y los pensamientos amplificadores del estrés (véase, por ejemplo, el libro de Richard S. Lazarus y Folkman Susan, *Estrés y procesos cognitivos*).[25] Por regla general, nuestros juicios de valor y nuestras estimaciones ocurren de manera instantánea. Pero si, en lugar de darles credibilidad o de identificarnos con ellos, somos conscientes de ellos de forma calmada y amistosa –tal como practicamos en la meditación mindfulness– y los dejamos fluir, irán perdiendo poco a poco el efecto perjudicial que tienen sobre nosotros. La práctica del mindfulness (y de la meditación sedente, en particular, en la que observamos nuestros pensamientos como meros pensamientos) resulta muy útil para cobrar consciencia de este hecho.

Durante la meditación sedente, reconocemos que los pensamientos vienen y van todo el tiempo, que son efímeros y que, en sí mismos, carecen de sustancia real. La práctica paciente y perseverante de la meditación consciente nos permite experimentar esto repetidas veces. Con el tiempo, nos será cada vez más fácil reconocer el carácter transitorio de los pensamientos amplificadores del estrés. Entonces, en lugar de darles mayor entidad tratando de combatirlos, los dejaremos fluir incluso en las situaciones potencialmente más difíciles. Si, mientras surge una cadena de pensamientos negativos, permanecemos presentes sin reaccionar, cada vez nos resultará más sencillo evitar caer en la red de asociaciones que, de otra manera, terminaría atrapándonos.

Durante un curso de MBSR, Sabine, una funcionaria universitaria, nos habló acerca de su insomnio y de cómo se las había arreglado para poner fin al sufrimiento que le suscitaba:

Tengo problemas por la noche para conciliar el sueño y a menudo, cuando me acuesto, me quedo despierta mucho rato. Entonces me pasan por la cabeza todo tipo de pensamientos y preocupaciones y me desvelo por completo. Antes solía intentar luchar contra ello. Pensaba en lo estresada que debía estar si ni siquiera podía dormir adecuadamente. Sopesaba todo tipo de soluciones y solo llegaba a ponerme más nerviosa por lo horrible que era todo.

Aparte de eso, mi principal problema era la preocupación de cómo demonios me las iba a arreglar para levantarme por la mañana.

Pero, cuando empecé a practicar el mindfulness, me di cuenta de que solo conseguía agravar el insomnio tratando de averiguar cuál era su origen, juzgándome a mí misma por su causa y convirtiéndolo en un problema aún mayor.

Ahora, cuando empiezan los pensamientos críticos acerca de mi insomnio, soy consciente de ellos y, en lugar de quedar atrapada en esa cadena de pensamientos negativos, practico la atención a la respiración.

Ahora no lo considero insomnio, sino simplemente estar despierta, por lo que me siento mucho más tranquila y relajada. Y lo que ocurre con bastante frecuencia es que termino quedándome dormida y, si eso no sucede, me pongo a leer un buen libro.

En cualquier caso, ya no me perturba y, en vez de sufrir por ello, acepto el hecho de que estoy despierta.

Cómo cambiar la relación con nuestros pensamientos

Algunos de nuestros procesos de pensamiento son extremadamente tercos y tenaces, o quizá se hallan tan cargados emocionalmente que nos implicamos demasiado en ellos como para observarlos con objetividad. Algunos pensamientos son tan poderosos y se hallan tan profundamente incrustados en nuestro subconsciente que tenemos que gestionarlos de otra forma.

En estos casos, estrategias cognitivas como cuestionar el contenido de los pensamientos o realizar una comprobación de su realidad pueden resultar sumamente útiles. El primer paso que podemos dar cuando aparecen pensamientos molestos o dolorosos es ser consciente de ellos sin tratar de combatirlos ni criticarnos a nosotros mismos porque hayan surgido (una vez más). La idea es cultivar, sobre todo en las situaciones difíciles, una actitud de aceptación y tolerancia hacia uno mismo. Así pues, cuando nos damos cuenta de que los pensamientos son angustiantes, turbulentos y persistentes, tomamos la decisión consciente de hacer una pausa y formular algunas preguntas al respecto (véase el recuadro siguiente).

Preguntas útiles para plantearse en relación con los pensamientos difíciles que se repiten

En primer lugar, debes reconocer la presencia de los pensamientos problemáticos. Entonces, con amabilidad y curiosidad, plantéate una o más de las siguientes preguntas:

- ¿Este pensamiento encaja con la realidad? ¿Qué pruebas tengo de ello?
- ¿Este pensamiento me ayudará, de hecho, a alcanzar el resultado que deseo?
- ¿Qué pensaría alguien que no estuviese en mi situación?
- ¿Qué pensaré yo de esta situación más tarde, mañana o dentro de un año?
- ¿Qué es lo peor que podría suceder? ¿Qué es exactamente lo que sería tan terrible si ocurriera?

- ¿Qué probabilidades hay de que ocurra ese peor escenario?
- ¿He tratado con alguna situación similar en el pasado? Y, en caso afirmativo, ¿cómo la gestioné?
- ¿Qué le diría a un buen amigo si él estuviera en esta misma situación?
- ¿Y qué me diría un buen amigo acerca de esta situación?
- ¿Hay algo que me ayudaría a sentirme más seguro y animado en estas circunstancias?

Puede ser muy útil, para liberar los sentimientos de culpa o vergüenza, que te digas a ti mismo estas palabras:

- Puedo cometer errores.
- Puedo no ser capaz de conseguir algo.
- Puedo tener debilidades y mostrarlas.

En aquellas situaciones que no se pueden cambiar, podemos formularnos estas preguntas para inspirar un cambio de perspectiva:

- ¿Qué puedo aprender de esta situación?
- ¿Qué significado o comprensión es posible derivar de esta situación?

Pasos para afrontar las experiencias estresantes a través del mindfulness

- Haz una pausa atenta y siente tu respiración. Esto contribuye a crear un espacio entre los desencadenantes del estrés y las reacciones de estrés para que estas no ocurran automáticamente.
- En cuanto adviertas los primeros síntomas de estrés, sé consciente de tu cuerpo y sintoniza con él.
- Sé consciente de los pensamientos que son amplificadores potenciales del estrés.
- Cobra consciencia de tus emociones.
- Si es necesario, toma la decisión consciente de hacer algo más que te ayude a liberarte del dominio de los pensamientos amplificadores del estrés como, por ejemplo, efectuar un descanso, hacer ejercicio o cualquier otra actividad llevada a cabo con atención.

Dar la bienvenida a todas las emociones

Las emociones difíciles o dolorosas también pueden desencadenar el estrés. Los pensamientos generan emociones e influyen en ellas y, por su parte, las emociones refuerzan nuestros pensamientos y los hacen parecer más reales. Las emociones nos ayudan a reconocer e identificar nuestras necesidades y, al mismo tiempo, aportan un fundamento a los procesos de toma de decisiones en nuestra vida cotidiana.

En la meditación sedente, aprendida en la semana 5, practicamos el mindfulness con diversos fenómenos, incluyendo la respiración, la totalidad del cuerpo, las sensaciones, los sonidos, los pensamientos y las emociones. Practicar de esta manera nos lleva a reconocer los pensamientos como pensamientos y las emociones como emociones. Este es un paso fundamental en el trabajo con las reacciones a los desencadenantes del estrés que nos permite sustituir, poco a poco, las reacciones automáticas por respuestas conscientes. Las reacciones automáticas no ocurren con tanta facilidad como antes y estamos mucho más en contacto con las situaciones –y con nosotros mismos– a medida que se desarrollan.

Las emociones y el estrés

Experimentar emociones difíciles o abrumadoras es uno de los principales factores de estrés, algo que no es diferente para los participantes en los cursos de MBSR. Muchas personas expresan interés en el programa porque quieren aprender a ser más hábiles con sus emociones y manifiestan de diferentes maneras su preocupación al respecto:

- «A menudo estoy ansioso, y eso me hace sentir estresado».
- «Cuando estoy estresado, me enfado y trató a los demás injustamente».
- «Grito y grito y culpo a los demás, incluso cuando no es culpa suya. De no ser por la paciencia de mi esposa, eso ya habría destruido mi matrimonio».

Algunas personas experimentan sus emociones volviéndolas hacia el interior:

- «Cuanto mayor es el estrés externo, más retraído y solitario me vuelvo».
- «No estoy en contacto con mis sentimientos. En particular, me resulta difícil dar salida a mi enfado, lo cual me molesta mucho. Ya he padecido una úlcera de estómago».

He aquí hay dos formas muy diferentes de tratar las emociones difíciles:

1. Las suprimimos hasta que dejamos de ser conscientes de ellas, aunque seguirán teniendo un efecto en nuestro subconsciente.
2. Permitimos que sean nuestras emociones las que nos gobiernen y nos desborden en situaciones estresantes.

En ambos casos, perdemos el contacto con nuestras emociones y, en consecuencia, ellas tienden a dirigirnos.

Sin embargo, existe otra opción: cultivar el mindfulness y adoptar una actitud imparcial hacia nuestras emociones para aprender a estar con ellas abiertamente cuando se producen. Cuanto más hábiles seamos en reconocer y comprender nuestros sentimientos, mejor entenderemos lo que estamos experimentando emocionalmente en un momento dado. De ese modo, estaremos más en contacto con nuestras necesidades y con la forma en que las expresamos, lo cual constituye un aspecto importante de la comunicación atenta.

Hacer una pausa para ser conscientes de nuestros sentimientos

Son muchas las tradiciones espirituales y escuelas de psicoterapia –desde la terapia psicodinámica hasta terapias humanistas como la Gestalt– que reconocen que un enfoque abierto y natural hacia nuestros sentimientos es un componente esencial de la salud física y mental.

Los sentimientos forman parte de nuestra constitución genética; no solo indican cuál es nuestro estado de salud, sino que son cruciales para la supervivencia. Nuestras «decisiones» se producen en un nivel muy básico, a menudo antes incluso de que ningún estímulo llegue a nuestra mente, consideremos una situación o suceso como agradable, desagradable o neutro: las tres cualidades emocionales básicas de la experiencia humana, según la psicología budista. Cada cualidad desencadena su propia serie de pensamientos, sentimientos y reacciones. Si tenemos una experiencia neutra, no le prestamos demasiada atención –o, dicho con otras palabras, no pensamos en ella durante mucho tiempo–, por lo que nuestra reacción emocional a un acontecimiento neutral es la indiferencia.

Por su parte, una experiencia desagradable genera una reacción tendente a minimizar, finalizar o escapar de esa experiencia, o bien a suprimir los recuerdos de ella (quizá mediante la negación o la anulación), evitando la repetición del acontecimiento. Empezamos a analizar la situación, la cuestionamos, le damos vueltas y nos preocupamos al respecto. Lo que queremos es «alejarnos» de ella, por lo que nuestra respuesta automática es una reacción de huida acompañada de sentimientos que van desde el temor, el rechazo y la negación hasta la irritación, la ira, el enfado o la culpabilidad.

En cambio, las experiencias agradables activan la reacción opuesta, es decir, queremos que se prolonguen. En consecuencia, tratamos de aferrarnos a ellas para ampliarlas, extenderlas o repetirlas y, de ese modo, reaccionamos con sentimientos de nostalgia y apego. Esta es la fuerza motriz que anima muchos de nuestros deseos.

Todas estas reacciones son perfectamente naturales e incluso desempeñan funciones de supervivencia, ya que nos ayudan a decidir si una situación es peligrosa. Pero, en nuestra vida cotidiana –en especial en lo que respecta a nuestras relaciones con los demás y a los sentimientos que albergamos hacia nosotros mismos–, rara vez nos enfrentamos a situaciones de vida o muerte. Por lo tanto, es importante reconocer claramente nuestros patrones emocionales, de manera que nuestra vida no esté controlada por ellos. Esto es aplicable, en particular, a la conducta de evitación. La evitación responde a un instinto de supervivencia que se activa de manera automática a causa de una experiencia desagradable. Sin embargo, cuando se utiliza para gestionar las emociones dolorosas, puede generar problemas e incluso conducir a la depresión, el temor crónico u otros trastornos psicológicos. La investigación llevada a cabo por el psicólogo Steven Hayes ha demostrado que la evitación de las experiencias o los sentimientos desagradables (también conocida como evitación experiencial) se encuentra en el núcleo de numerosos trastornos emocionales, como la depresión y los trastornos de ansiedad.

No obstante, el apego desmesurado a los sucesos agradables también acarrea problemas, ya que con el tiempo todas las experiencias pasan, y aferrarnos a su recuerdo conduce inevitablemente al sufrimiento. Muchos de nosotros sabemos intuitivamente que intentar repetir una experiencia agradable suele abocar a la decepción.

Durante la sexta semana del curso, Elisabeth se dio cuenta de que se sintió tan entusiasmada con su experiencia del escáner corporal, durante la primera semana, que inevitablemente la comparaba con todos los escáneres corporales posteriores. Esta es la forma en que describió su comprensión: «Siempre esperaba la misma maravillosa sensación física que tuve durante mi primer escáner corporal. Pero, como nunca fue tan intensa de nuevo, me sentía un poco decepcionada cada vez que practicaba el escáner corporal. Pensaba que estaba haciendo algo mal, porque nunca era como la primera vez; me alegro ahora de saber el motivo».

Nuestra disposición a aceptar plenamente y tal como es la realidad de cada momento suele ser condicional, y esto es algo que se aplica tanto a las experiencias agradables como a las desagradables. Aunque tratamos de manipular o controlar nuestra realidad, en el mindfulness cultivamos exactamente la actitud opuesta. Y, puesto que relacionarnos con nuestros sentimientos de una manera abierta y natural es un enfoque mucho más provechoso que la evitación, la práctica del mindfulness es especialmente útil para desarrollar una actitud más relajada hacia nuestras emociones y permanecer en contacto con ellas.

La meditación sedente brinda la oportunidad ideal de practicar la toma de consciencia de nuestros pensamientos y emociones y, en consecuencia, refuerza una actitud de pura observación, que nos lleva a reconocer que, al igual que los sonidos y sensaciones físicas, nuestros pensamientos y sentimientos son fenómenos efímeros que podemos observar sin necesidad de cambiarlos. Este es un proceso desafiante, porque todos tendemos a identificarnos con nuestros sentimientos y quedar atrapados en ellos. El mindfulness nos permite reconocer, aceptar o examinar nuestras emociones sin sentirnos desbordados por ellas.

Localizar las emociones en el cuerpo

Así pues, la práctica sostenida del mindfulness nos hace ser cada vez más conscientes de nuestros sentimientos y desarrollar la capacidad para distinguir entre las experiencias agradables, desagradables y neutras. El siguiente paso consiste en observar la cadena de reacciones que sigue a una determinada experiencia, es decir, los pensamientos, los sentimientos y las sensaciones físicas que la acompañan. Cuando permitimos que ocurra una experiencia diciéndole «sí» y dándole la «bienvenida», puede surgir una reacción corporal como, por ejemplo, que nuestra caja torácica se expanda o que respiremos más profundamente, o bien percibimos una sensación de relajación en el abdomen.

Sin embargo, cuando decimos «no» a una experiencia, esto desencadena otro tipo de sensaciones físicas: nuestro estómago se contrae, percibimos tensión en nuestro entrecejo o apretamos nuestras manos para formar un puño. Nuestros sentimientos siempre se manifiestan en forma de reacciones físicas (que pueden ser más o menos inconscientes), y es aquí donde entra en juego la presencia mental. En lugar de seguir una determinada cadena de pensamientos –«No me gusta esta presión en el estómago», por ejemplo–, permanecemos con la sensación física de presión tanto como nos sea posible. Podemos ayudarnos preguntándonos «¿Cuáles son las sensaciones de las que soy consciente?». El mindfulness nos hace estar presentes en nuestras sensaciones físicas, en lugar de dejarnos llevar por los pensamientos que tenemos acerca de ellas.

En cierta ocasión, yo (Petra) experimenté de primera mano de qué modo la consciencia atenta es capaz de transformar las emociones difíciles, cuando tuve que enseñar mi primer curso de terapia cognitiva basada en el mindfulness (MBCT). El curso formaba parte de un proyecto universitario de investigación, lo que significaba que tenía que grabar las sesiones en vídeo y examinarlas a intervalos regulares con el investigador principal. Unas cuantas horas antes del comienzo de nuestro primer encuentro, ya había preparado y organizado todo minuciosamente pero, al ir hacia la reunión, me di cuenta de que estaba muy nerviosa. Tenía un nudo en el estómago y mis pensamientos eran confusos. Me obsesionaba el hecho de si llevaba conmigo los documentos necesarios y de si me había preparado de todas las maneras posibles. Repasaba la secuencia de la lección una y otra vez y, aunque sabía que había planificado y repasado todo hasta el último detalle, no podía liberarme de la ansiedad. Al contrario, cuanto más me aproximaba al campus, más agitada me sentía. Al final, empezó a dolerme el estómago, y eso me sorprendió, ya que nunca había experimentado tal agitación ante un seminario y no tenía ni idea de qué la estaba causando.

De entrada traté de ocultar a mi colega mi agitación. Tras hablar de diversos temas, nos decidimos a meditar juntos. Durante la meditación traté de ser consciente de la presión en mi estómago y de permanecer con ella, lo que no era nada fácil, dado que mis pensamientos seguían intentando arrastrarme lejos de aquella sensación tan desagradable. Sin embargo, a medida que seguí meditando, fui capaz de permanecer poco a poco con la sensación y de aceptar que estaba ahí. En algún momento en el transcurso de la meditación, me di cuenta de que la gran presión ocultaba un profundo temor: el miedo al fracaso. Mi mayor temor era que mi colega visionase mis vídeos y me dijese que lo mejor sería que nunca dirigiese de nuevo un curso de MBCT. «Sencillamente esto no es lo tuyo», pensé que me diría.

En el momento en que reconocí mi temor, me sentí aliviada de inmediato y mi estómago se relajó. Después de la meditación, compartí mi revelación con mi colega, y esto mitigó la presión en mi estómago aún más. Por encima de todo, el mindfulness me ayudó a comprender de qué modo mi temor era, de hecho, muy poco realista. Y, aunque todavía me sentía un poco tensa, no era nada comparado con el estado en que me hallaba antes. Una vez reconocí cuál era la causa de mi temor, este perdió su poder para aterrorizarme. Me conmovió la comprensión de lo útil que resulta permanecer con una sensación corporal sin intentar cambiarla o analizarla. Esa noche me sentí mucho más en contacto conmigo misma de lo que había estado durante bastante tiempo.

Ejercicio: Consciencia atenta del cuerpo

El siguiente ejercicio puede ayudarnos, en nuestra vida cotidiana, a ser más conscientes de nuestro cuerpo y de las sensaciones físicas.

- Empieza sintiendo la postura en que te encuentres: sentado, de pie, acostado o andando.
- A continuación, pregúntate: «¿Qué es exactamente lo que experimento en mi cuerpo ahora?». Ábrete a cualquier sensación que pueda o no estar presente. No trates de forzar, buscar o producir ninguna en concreto. Simplemente sé consciente de lo que está realmente ahí en ese momento, si es que hay algo. No necesitas modificar la experiencia de

ninguna manera. Permanece con ella lo mejor que puedas en cada instante. Si decides cambiar de postura, sé consciente, cuando lo hagas, de las sensaciones producidas por tu cuerpo al moverse.

- También puedes preguntarte: «¿En qué posición están mis brazos en este momento?». «¿Qué sensaciones tengo en mis piernas?». «¿En qué zonas mis piernas están en contacto con la silla?». «¿Cómo está mi cabeza posicionada en relación con la parte superior de mi cuerpo?». Si estás caminando, pregúntate: «¿De qué movimientos soy consciente?».

- De vez en cuando, sé consciente también de otras sensaciones en el interior de tu cuerpo, como un ruido en el estómago, una sensación pulsátil o tirantez, presión o tensión muscular. Asimismo, trata de ser consciente de las sensaciones fuera de tu cuerpo.

- Explora practicando, siempre que te acuerdes de ello, la consciencia de las sensaciones, regularmente, a lo largo de la jornada.

Cómo ser más hábiles con las emociones desagradables

¿Cómo familiarizarnos con nuestros sentimientos sin identificarnos en exceso o vernos arrastrados por ellos? Al mismo tiempo, ¿cómo podemos evitar reprimir o negar dichos sentimientos?

Desarrollar la habilidad para reconocer nuestros sentimientos, para saber lo que son y *permitirles ser* sin tenerles miedo, es un gran paso hacia la sanación, así como para ser completamente conscientes de nosotros mismos.

Cada sentimiento está compuesto de una mezcla de actividad mental y de sensaciones físicas que suelen combinarse para formar ideas concretas acerca de las sensaciones. Mediante la práctica del mindfulness, somos cada vez más conscientes de que no podemos controlar los pensamientos y los sentimientos que aparecen. Lo que sí que *podemos* es efectuar la elección consciente de prestar atención a todo lo que surja. Aquí hay algunas sugerencias que podemos aplicar cuando afrontamos una sensación difícil o desagradable:

- Haz una pausa y cobra consciencia de tu respiración.
- Sé consciente de las sensaciones en tu cuerpo. Pregúntate: «¿En qué zona exacta de mi cuerpo se ubica esta sensación? ¿Qué es lo que siento ahí?». Permanece, lo mejor que puedas, con la sensación.
- Nombra la emoción presente sin identificarte con ella. Por ejemplo, «temor», «rabia», «dolor».
- Deja que esa denominación te ayude a sentir y permanecer en contacto con la emoción.
- Acepta todas las emociones que aparezcan: «Sea lo que sea, me permitiré sentirla».
- Sigue presente, lo mejor que puedas, a lo que experimentas.
- Si esto te resulta demasiado difícil, vuelve a la consciencia de la respiración y, cuando estés listo, empieza de nuevo. También puedes decidir continuar en otro momento.

- Al final de la meditación, formúlate las siguientes preguntas: «¿Qué necesito ahora? ¿Qué sería útil para mí en este momento?».

Es mejor empezar la práctica con una emoción que no sea demasiado intensa, como, por ejemplo, la ligera resistencia a abordar una tarea concreta. Siempre que te encuentres con esa resistencia, efectúa una pausa y, seguidamente, cobra consciencia de la sensación física que acompaña a la emoción. Muéstrate tan amable contigo mismo como te sea posible. En el paso siguiente, intenta expresar la emoción en palabras. Por ejemplo: «Siento que me estoy resistiendo. Acepto esta resistencia ahora. Es bueno para mí sentirme de esta manera». Permanece con la emoción durante unos momentos y, cuando estés listo, pregúntate si ha cambiado de alguna manera y, en caso afirmativo, de qué forma.

Quizá también desees dedicar unos minutos de tu sesión de meditación sedente expresamente a la consciencia atenta y al reconocimiento de las emociones a lo largo de un determinado periodo. Durante la semana 5, los participantes practican diariamente la consciencia atenta de sus sensaciones y emociones, tanto durante la práctica formal de la meditación sedente como en la vida cotidiana.

Una vez que seamos plenamente conscientes y reconozcamos nuestras emociones, las expresaremos y comunicaremos a los demás de una manera más hábil. Exploraremos esto en la siguiente sesión semanal del programa de MBSR.

Semana 6
La comunicación atenta

El regalo más grande que podemos dar a los
demás es el don de nuestra presencia.
Cuando escuchamos atentamente, sin juicios,
regalamos confianza y apertura a nuestros oyentes.
Y les brindamos apoyo para que se
expresen de manera consciente.

LINDA LEHRHAUPT

La sexta sesión se inicia con una meditación sentada. Tras dedicar algún tiempo a comprobar la práctica en casa de los participantes, abordamos el tema principal de la presente sesión: la comunicación atenta. Los ejercicios presentados en clase permiten una experiencia directa de la comunicación atenta en acción. Con frecuencia utilizamos dos ejercicios que son como sigue:

1. Los estudiantes se distribuyen por parejas, y uno de ellos describe un problema que haya experimentado recientemente (le pedimos que trate de ser simple y su-

gerimos ejemplos como un embotellamiento de tráfico o una avería en el hogar) y, después, el oyente repite lo que ha escuchado. A continuación, el expositor expresa si se ha sentido entendido. Seguidamente, expositor y oyente intercambian los papeles.

2. En un ejercicio de *role-play*, los participantes experimentan y observan diferentes estilos de comunicación clasificados como pasivo, agresivo o atento.

A través de estos y otros ejercicios, experimentamos el rico intercambio que se produce durante la comunicación atenta.[26]

La comunicación es una de las principales causas de estrés

Los participantes de la clase de MBSR suelen comentar que las dificultades en la comunicación son una de las causas más frecuentes de estrés en su vida. Entonces, ¿por qué tenemos que esperar a llegar a más de la mitad del curso para presentar un tema que ocasiona dificultades a casi todo el mundo? ¿Qué entendemos por una comunicación difícil o estresante?

En los siguientes casos, cuatro personas describen una situación en la que experimentaron dificultades de comunicación:

Mary, una contable de 52 años, señaló: «No me siento escuchada por mi esposo. Le he explicado reiteradamente que no puedo quedarme sentada viendo cómo arruina su salud fumando 60 cigarrillos al día y comiendo en exceso. Sé que, desde que fue despedido, ha sido duro para él, pero también ha sido difícil para mí. He tenido que hacer horas extraordinarias y no tengo tiempo en casa para los niños. No importa cuántas veces se lo diga, simplemente no me escucha».

John, propietario de una estación de servicio de 38 años, dijo: «Ya no sé qué hacer. El dolor causado por el accidente de coche del año pasado es terrible. Le he dicho a mi socio que necesito más tiempo libre, que tengo que tomarme descansos más largos y que a veces no puedo ir a trabajar. Le pedí a mi médico que me aumentase la dosis de medicación para el dolor, pero se negó. Ambos parecen pensar que porque estoy activo, no padezco ningún problema real. ¡A nadie parece importarle lo más mínimo!».

Peter, de 73 años y maestro jubilado, nos dijo: «Mi esposa está perdiendo más memoria cada día que pasa. He intentado hacer todo lo posible para cuidarla, pero es algo que excede mi capacidad. A veces se pierde o se olvida de apagar el gas. Le mencioné a mi hija que quizá deberíamos buscar una residencia para ella, pero simplemente montó en cólera y me acusó de todo tipo de cosas. Yo amo a mi esposa. ¿Cómo puede mi hija decirme cosas así?».

Sabine, estudiante de 22 años, señaló: «No quiero seguir estudiando. Ya de entrada fue un error. Elegí medicina solamente porque lo quiso mi padre, pero lo que quiero realmente es viajar, estudiar idiomas y quizá enseñar en otros países. Mis padres me han dicho que me desheredarán si no termino los estudios.

Cada día es peor para mí. Estoy pensando incluso en suspender deliberadamente algunos exámenes para salir de este lío».

Cada uno de estos participantes en las clases de MBSR compartió el mismo tema: no sentirse escuchado. Además, a causa de ello, se sentían enojados, frustrados, impotentes, abrumados, aislados o faltos de apoyo. También compartían una suposición subyacente: si los demás los escuchasen, harían todo lo posible por cumplir sus deseos. Por ejemplo:

- El esposo de Mary dejaría de fumar y cuidaría mejor de sí mismo.
- El socio de John lo animaría a tomarse más periodos de descanso.
- La hija de Peter no le acusaría de querer abandonar a su madre y quizá incluso le ayudaría a encontrar una residencia para ella.
- Los padres de Sabine le permitirían abandonar sus estudios de medicina para tomarse unas vacaciones.

El foco de la comunicación atenta es uno mismo

Mary, John, Peter y Sabine se centraban en la esperanza de que fuese otra persona la que les proporcionase aquello que más anhelaban: atención, validación o comprensión.

Este deseo es comprensible y muy humano, pero articular tal deseo crea presión en el oyente. Y, cuando la gente siente

ese nivel de presión procedente de los demás, tienden a ce-
rrarse y no a abrirse. Muchas personas se sienten amenazadas,
resentidas y no escuchadas, y eso condiciona sus respuestas.
En el MBSR, en lugar de situar la atención sobre la persona
con la que queremos comunicarnos, nos centramos en el modo
en que nosotros mismos nos comportamos en una situación de
comunicación problemática. Los participantes sintonizan con
sus propios pensamientos, emociones y sensaciones físicas y
los observan. Y, una vez que son conscientes de ellos, obtienen
pistas importantes que les ayudan a permanecer más equilibra-
dos y centrados. Esto, a su vez, les alienta a mostrarse menos
reactivos y a prestar más atención a sus respuestas. Dicho con
otras palabras, antes de intentar conectar con otras personas,
primero debemos conectar con nosotros mismos.

Durante las semanas anteriores del curso, hemos practicado
la consciencia de las sensaciones, las emociones y los pensamientos mientras llevábamos a cabo el escáner corporal, el yoga
y la meditación sedente. Esta consciencia atenta también puede
ser aplicada a los momentos en que la comunicación atraviesa
dificultades. A estas alturas del curso, muchos de los participantes ya han desarrollado la capacidad de reconocer la diferencia entre estar en contacto, de manera consciente, con sus
necesidades y sus deseos, sin perderse o ser absorbido por ellos.

La comunicación atenta encarna, tal como la practicamos en
el MBSR, una atención cuidadosa y sensible al modo en que
nos expresamos. Esta expresión está constituida por los principios de la escucha profunda, el respeto y la apertura a los pun-

tos de vista diferentes. No sabemos cómo reaccionará la otra persona y no podemos controlar cómo se comportará alguien. Sin embargo, podemos hacer todo lo que esté en nuestra mano para tener el máximo cuidado en lo que a nosotros respecta y tratar de interactuar con los demás de una manera que manifieste respeto mutuo, claridad y responsabilidad.

En ocasiones, los participantes tienen la impresión errónea de que la comunicación atenta significa mostrarse pasivo o permanecer en silencio. Se sienten confundidos porque creen que participar en este tipo de comunicación supone no denunciar las injusticias o las conductas abusivas. Otros piensan que, en la práctica de la comunicación atenta, no podemos solicitar algo en nombre de otros ni reclamar algo para nosotros.

La difunta doctora Ulla Franken, miembro de la facultad de nuestro instituto y experta en el papel que desempeñan las emociones en la sanación y el cuidado de la salud, señala que un aspecto esencial de la comunicación atenta consiste en permanecer en contacto con nuestras emociones y aprender a expresarnos de una manera clara y no ofensiva.

Cuando nos comunicamos con otras personas, a menudo es difícil expresar con exactitud lo que queremos o no queremos. Probablemente todos nos hemos escondido detrás de una afirmación como «Deberíamos...» (ir al cine, hacer deporte juntos o, tal vez, limpiar la cocina), en lugar de decir directamente lo que queremos: «Me gustaría divertirme contigo», «Podría hacer una siesta», «¿Te importaría lavar los platos?».

En ocasiones –en especial cuando nos sentimos enojados o molestos– tendemos a echar la culpa a los demás y quejarnos de su comportamiento. Suele ser más fácil criticar a alguien («Siempre llegas tarde», «Nunca te esfuerzas») que permanecer con nuestras propias experiencias y sentimientos.

Un enfoque atento supone una gran diferencia en el curso de la conversación. Tomemos, por ejemplo, la diferencia entre afirmar «Eres desconsiderado» y decir «Me siento ignorado». En el primer caso, culpabilizamos a la otra persona y la ponemos a la defensiva. En el segundo ejemplo, asumimos nuestra cuota de responsabilidad, dando a la otra persona más margen de maniobra.

Encarnar un enfoque atento de la comunicación es muy diferente de la pasividad, el silencio o la impotencia. De hecho, es una forma de comunicación vibrante que admite la claridad, la franqueza y la acción humana.[27]

Diario de la comunicación difícil

Como preparación para la clase de comunicación atenta, se pide a los participantes que escriban un diario.[28] Una vez al día durante una semana, cada uno de ellos debe consignar un ejemplo de comunicación problemática respondiendo algunas preguntas al respecto. Se les pide que expliquen la situación en la que se vieron implicados, lo que el estudiante de MBSR quería obtener de la situación y lo que la(s) otra(s) persona(s) parecía(n) desear. También se les pide que describan cómo se sintieron durante y después de la situación. Por último, se pregunta si el problema fue resuelto. Durante la semana 6, se invita a los participantes a compartir las entradas de sus diarios, ya sea en parejas o en grupos más grandes.

La entrada del diario de Klaus acerca de un incidente con su hijo ejemplifica de qué modo el aprendizaje de la práctica de la comunicación atenta puede tener un efecto profundo en la evaluación que hace cada persona de una situación. Klaus, un hombre de negocios de 52 años que había sobrevivido a dos graves ataques cardiacos, dijo a sus compañeros:

> La situación de comunicación problemática estaba relacionada con mi hijo. Él tiene 23 años y sigue viviendo en casa mientras asiste a la universidad. Yo le pedí que comprase comestibles en su camino a casa al volver de la universidad porque me proponía cocinar un plato especial que sabía que gustaría a todos. Era la primera vez en semanas que toda la familia se reunía para cenar juntos...
>
> Cuando llegué a casa y quise empezar a cocinar, vi que no había comprado las cosas que le pedí. Estaba en su habitación con la música a todo volumen. Llamé a su puerta y, cuando abrió, le pregunté acerca de las compras. «Lo siento papá –me dijo–, me he olvidado». Y entonces me cerró la puerta en las narices. Pude sentir cómo la sangre se agolpaba en mi cabeza. Mi corazón empezó a martillear, mi respiración se aceleró rápidamente y sentí una opresión en el pecho. Un pensamiento cruzó mi mente: «Cálmate, no merece la pena otro ataque al corazón».

Me alejé de la puerta y me puse la mano sobre el corazón. Intenté calmarme, centrándome en mi respiración. Entonces, mi hijo abrió la puerta, me miró y vino corriendo hacia mí. «Papá, ¿va todo bien? –me preguntó ansiosamente–. ¿Necesitas tu medicación? ¿Llamo a una ambulancia?».

Miré su rostro y vi el miedo reflejado en sus ojos. De repente, mi ira se desvaneció. Le dije entonces: «Ya estoy bien, pero me siento decepcionado. Quería cocinar esa comida especial que nos gusta a todos». Mi hijo miró el reloj y dijo: «Papá, las tiendas están abiertas todavía. Estaba enfrascado con un proyecto muy difícil y me olvidé completamente. Tengo la lista aquí. Vuelvo enseguida». Y antes de que yo pudiera decir nada, había salido de casa.

Klaus miró su entrada en el diario y luego añadió:

Debo admitir que las preguntas del diario realmente me ayudaron a entender algo. Me sentí tan enojado porque pensé que mi hijo me había ignorado por completo… pero no ocurrió eso en absoluto. En el pasado, le hubiese gritado todo tipo de cosas como, por ejemplo, que era un inútil que vivía de su madre y de mí. No hubiese asumido la responsabilidad y solo hubiese proyectado mi ira. Sin embargo, me limité a decirle cómo me sentía. Es difícil… es un gran cambio para mí, pero seguro que evita que sufra otro ataque al corazón.

Aspectos clave de la comunicación atenta

Estar en contacto con nosotros mismos

Sirviéndonos de la historia de Klaus, podemos examinar con más detalle algunos aspectos clave de la comunicación atenta. En primer lugar, Klaus sintonizó con sus propias sensaciones físicas: cobró consciencia de la aceleración del pulso, del enrojecimiento de su cara y de la opresión en el pecho. Reconoció que estas sensaciones eran una advertencia de que se hallaba en un estado de agitación. Para un hombre con un historial de problemas cardiacos, esa es una situación muy poco recomendable.

Si Klaus no hubiera practicado el mindfulness en las semanas previas a este incidente, existen serias dudas de que hubiese sido capaz de permanecer con sus propios sentimientos y reacciones físicas porque, tal como él mismo reconocía, tendía a arremeter sin pensar cuando se sentía herido o amenazado.

Sin embargo, ser consciente de sus propias sensaciones físicas en esta situación estresante le ayudó a romper un ciclo de escalada que había sido habitual para él en el pasado. Alejándose de la puerta y sintonizando consigo mismo, recordó que, en lugar de entregarse a sus reacciones habituales, debía centrarse en el aquí y ahora.

Estar presentes

Cuando Klaus se puso la mano sobre el pecho, un pensamiento cruzó su mente: «No merece la pena otro ataque al corazón». Al no reaccionar de la manera habitual y permanecer en el momento presente, se abrió una nueva posibilidad para él. En este espacio más abierto y menos reactivo, Klaus fue consciente de que su prioridad era prevenir un ataque al corazón. Esto le recordó que, sobre todo, debía cuidar de sí mismo.

Establecer contacto con la otra persona

Al no reaccionar y, en su lugar, dar un paso atrás, Klaus accedió a un espacio más amplio que le permitió conectar con su hijo. Dado que Klaus no atacó al joven en el momento en que abrió la puerta, su hijo tampoco se puso a la defensiva como hubiese hecho en el caso de que su padre le hubiese gritado. Klaus vio que su hijo realmente se preocupaba por él; pudo observar el miedo en sus ojos. En lugar de permitir que su ira le cegase, Klaus reconoció el profundo amor y la preocupación que su hijo sentía por él.

Expresar nuestras necesidades utilizando «mensajes en primera persona»

Cuando Klaus expresó sus sentimientos heridos, señaló que esto era algo difícil –y novedoso– para él y que lo hizo lo mejor que pudo. En el pasado, podría haber dicho a su hijo: «¡No sirves para nada! Sin embargo, utilizó un «mensaje en primera persona» y dijo: «Me siento decepcionado».

Al expresar cómo se sentía, Klaus puso en práctica un aspecto clave de la comunicación atenta: expresar nuestras necesidades o abordar una situación mediante «mensajes en primera persona». Este tipo de declaraciones describen cómo nos sentimos emocionalmente en el momento, usando el pronombre *yo* y refiriéndonos a nosotros mismos. Expresan cómo percibimos la situación desde nuestra perspectiva individual. Los «mensajes en primera persona» no son culpabilizadores ni agresivos y, en vez de generalizar y de insistir en que lo único que importa son los sentimientos de quien habla, expresan su experiencia personal. En el caso de Klaus, fue capaz de afirmar, sin recriminaciones ni enfado, que se sentía decepcionado.

Sugerencias para el uso
de los «mensajes en primera persona»

1. Habla de ti mismo, de tus sentimientos y tus pensamientos. Céntrate en tu propia experiencia y permite que esta se desarrolle. Informa a los demás tanto como te sea posible acerca de lo que esa experiencia representa para ti.
2. Céntrate en cuáles son tus deseos en relación con la otra persona y exprésalos lo mejor posible. Expón de una manera amable y respetuosa con los demás cómo podrían cumplirse tus deseos.
3. Permite que la otra persona confirme que ha entendido tu comunicación y cómo experimenta tus palabras.
4. Evita declaraciones acerca de lo que piensa o siente la otra persona. Estas suelen hacer que los demás se cierren y se pongan a la defensiva.

ULLA FRANKEN

Quizá ahora esté más claro por qué el tema de la comunicación atenta se presenta por primera vez durante la sexta semana del curso MBSR. Como hemos visto, los ejercicios de comunicación se basan en las habilidades del mindfulness que han sido practicadas desde el principio del curso, es decir, mantenernos conectados con nosotros mismos y volvernos hacia nuestro interior. En ausencia del mindfulness, seríamos propensos a reaccionar, en lugar de hacer una pausa, para proyectar la culpa o la ira en la otra persona, o bien nos retiraríamos con un sentimiento de impotencia.

Al no reaccionar con la culpabilización ni la inhibición, dejamos espacio suficiente para permanecer abiertos a la situación. La práctica del mindfulness contribuye a que sigamos estando presentes, tranquilos y estables, lo cual contrasta poderosamente con la tensión que predomina en las situaciones alimentadas por las reacciones de ira, pánico o culpa.

Este espacio abierto es compatible con la escucha profunda, la cual va más allá de las suposiciones, definiciones o necesidades implícitas. Cuando practicamos la escucha profunda –hacia los demás y hacia nosotros mismos–, estamos construyendo un sentido de conexión y comunidad.

El día de mindfulness:
profundizar la práctica en silencio

*El silencio es el elemento en el que
se forman las grandes cosas.*

THOMAS CARLYLE

El día completo de práctica de mindfulness se lleva a cabo entre la sexta y la séptima sesión del curso de MBSR. Dado que se desarrolla en silencio, este día ofrece una oportunidad única para mantener la continuidad de la práctica del mindfulness durante un periodo prolongado. Son muchos los que experimentan esta jornada como una intensificación de su práctica del mindfulness.

El silencio en grupo puede ser un reto y, al mismo tiempo, una experiencia maravillosa. Muchos participantes conceden un valor especial a la oportunidad de permanecer en silencio y pueden sentir algo así como: «No necesito hablar hoy. Puedo estar en contacto con la gente sin sentirme obligado a hablar».

En nuestra vida cotidiana, solemos sentirnos obligados a comunicarnos. Cuando estamos con alguien, pensamos que sería una grosería no entablar conversación con él. Sin embargo, durante este día de retiro, todos los asistentes permanecen juntos en silencio, haciendo más fácil el no hablar, aun cuando pueda parecerles de entrada desconcertante. Practicar en silencio significa que creamos un espacio interno en el que permanecemos con nosotros mismos para tratar de encontrar el camino hacia nuestro propio corazón.

A lo largo de este día, no solo nos abstenemos de conversar, sino también de otras formas de comunicación, como gestos, expresiones faciales, contacto visual y sonrisas. Esto proporciona a los participantes el espacio necesario para permanecer plenamente con sus propias emociones agradables, desagradables o neutras, mientras practicamos mindfulness sentados, de pie, acostados o caminando. También llevamos a cabo una comida comunal en silencio, lo que permite que todos coman con la misma consciencia atenta que experimentaron en el ejercicio de las pasas durante la primera semana.

El silencio ayuda a que nuestra mente descanse. De igual modo que, si la dejamos reposar un rato, la arena agitada en un vaso de agua va asentándose poco a poco en el fondo y dejando el agua más clara, también nuestra mente agitada y nuestros pensamientos estresantes se asientan poco a poco. Nuestra mente suele estar más tranquila, más clara y más abierta. Durante el día de mindfulness, muchos participantes experimentan una sensación de paz interior que rara vez han conocido antes.

La introducción que efectuamos al principio del día brinda a los participantes la oportunidad de plantear cualquier pregunta o manifestar cualquier preocupación antes de que se inicie la jornada. En un periodo de intercambio al final del día, los participantes también tienen la oportunidad de hablar sobre su experiencia del retiro. A menudo, la gente expresa cómo han cambiado sus miedos y prejuicios. Muchos participantes dicen algo así como: «Ahora entiendo lo que significa realmente la práctica del mindfulness».

El instructor anuncia durante la introducción que, si es necesario, cualquiera puede hablar con él a lo largo del día. De acuerdo con nuestra experiencia, esto ocurre muy rara vez, pero es importante que la opción exista, porque el silencio no pretende ser opresivo, sino tan solo servir de apoyo.

Durante el retiro, se ponen en práctica todos los ejercicios de mindfulness que hemos aprendido hasta ahora (escáner corporal, yoga y meditación sedente), pero añadimos un nuevo ejercicio (si no ha sido presentado ya), que es el paseo meditativo (véase el recuadro de las páginas 224-225). A lo largo de la tarde, después de la comida, hay ejercicios en movimiento y en quietud, seguidos por una meditación guiada. La última actividad es una puesta en común consciente del grupo, después de que el instructor rompa el silencio pidiendo a los participantes que hablen suavemente entre sí en parejas. El día termina con un breve periodo de sentada. Cuando se van a casa, la mayoría de los participantes se sienten enriquecidos. A menudo se oye a la gente decir cosas como estas:

«Me siento muy contento y satisfecho y estoy muy orgulloso de mí mismo».

«Nunca pensé que pudiera mantenerme en silencio durante todo este tiempo. He descubierto no solo que podía soportarlo, sino que también he aprendido muchas cosas de ello».

«No ha sido fácil, y a veces me he aburrido un poco, pero ahora me siento fantástico. Me alegro de haber tenido esta experiencia y es bueno saber que puedo vivir sin hablar todo el tiempo».

El paseo meditativo

Son los senderos tranquilos, y no las rutas de los caminos principales, los que conducen al corazón.

PROVERBIO TURCO

Existen muchos caminos diferentes al mindfulness, uno de los cuales es la práctica del paseo meditativo. Durante el paseo meditativo dirigimos toda nuestra atención a cada paso que damos, siendo conscientes de las sensaciones físicas. Para empezar, es útil practicar el paseo meditativo como un ejercicio formal de mindfulness (véase el recuadro en las páginas 224-225). En la vida cotidiana, también es posible integrar elementos del paseo meditativo en nuestras actividades diarias, tales como caminar por el parque.

Elige un lugar –ya sea en casa o en el exterior– donde puedas andar 15 o 20 pasos sin encontrar ningún obstáculo. Es de gran ayuda caminar primero lentamente para poder ser consciente con más facilidad de cada parte del movimiento al caminar. El ritmo acompasado contribuye a ralentizar la actividad mental y a calmar la mente. A veces, cuando la mente está particularmente inquieta y nuestros pensamientos discurren a toda velocidad, el paseo meditativo puede ser más factible que la meditación sedente. Mientras el cuerpo está en movimiento, nuestra mente se centra en una actividad específica, es decir, en el acto de caminar, y eso ayuda a que la avalancha de pensamientos se ralentice poco a poco.

Hay muchos tipos de meditación ambulante. Aquí describimos el tipo que practicamos en el MBSR como parte de nuestro curso.

Ejercicio: El paseo meditativo

- Empieza decidiendo la cantidad de tiempo que vas a dedicar a la sesión del paseo meditativo como, por ejemplo, 10 o 15 minutos.
- Para empezar, quédate quieto durante unos momentos en tu punto de partida y sé consciente de tu cuerpo en la posición de pie. Es posible que desees dejar caer libremente los brazos a los costados o, si lo prefieres, también puedes unirlos y unirlos delante del diafragma o detrás de la espalda. Permite que los hombros caigan relajados.

- Si lo deseas, puedes cerrar los ojos durante unos momentos mientras llevas tu consciencia plenamente a tu cuerpo.
- También puedes dejar los ojos abiertos mirando hacia abajo, a un metro de distancia, frente a ti. Siente la distribución del peso sobre tus pies y las sensaciones en las piernas, la espalda, la parte delantera del cuerpo, los brazos, los hombros y la cabeza. No intentes cambiar ninguna de estas sensaciones; la práctica consiste simplemente en ser consciente de ellas.
- Cuando estés preparado, abre los ojos, si los tienes cerrados, y empieza a caminar lentamente hacia delante.
- Con cada paso que des, sé consciente, lo mejor que puedas, de las sensaciones producidas por el movimiento. Cobra consciencia de la presión de los pies sobre el suelo, del momento en que levantas el pie, del cambio de peso de un pie a otro. Tan solo da un paso… ¡y otro… y otro… y otro!
- Una vez que llegues al final de la distancia que hayas establecido, detente unos momentos y sé consciente de tu cuerpo. Luego da la vuelta muy despacio, detente de nuevo durante unos momentos en la postura de pie y camina regresando por la misma ruta. Sigue caminando yendo y viniendo por el mismo camino, prestando atención a tus sensaciones y al proceso de caminar.
- Si descubres que tu mente se distrae (lo que sucederá durante el paseo meditativo, al igual que en cualquier otra meditación), simplemente sé consciente de ello de un modo amable y carente de juicios. A continuación, deposita tu atención en el paso que estás a punto de dar y en las sensaciones que se presenten. Continúa el paseo meditativo hasta concluir el periodo que hayas establecido de antemano.
- Cuando concluyas el paseo meditativo, reposa inmóvil unos momentos, sintiendo todo tu cuerpo. Luego finaliza la meditación del modo en que te resulte más cómodo.

Semana 7
Cuidar de nosotros mismos

Los participantes llegan a la clase de la semana 7 después de haber participado, hace poco, en el día de mindfulness. Han pasado un día entero juntos en silencio, practicando la meditación mindfulness y llevando a cabo una comida sin pronunciar palabra. Una vez que los miembros de la clase ya han compartido seis semanas, el sentimiento de comunidad, reforzado por el día de mindfulness –la sensación de estar juntos en el camino–, se profundiza. Algunos de nuestros participantes nos han comentado que se sentían conmovidos cuando miraban alrededor de la sala al comienzo de la semana 7 y sabían que habían compartido un retiro silencioso. Muchos de ellos sintieron preocupación antes de ese día (¿Podré hacerlo? ¿Será difícil?). Ahora hay una apacible sensación de logro y de compromiso, no para todos, por supuesto, pero sí para la mayoría.

Durante la semana 7, se presentan varios ejercicios bajo el tema general de explorar el modo de cuidar de nosotros mismos. Implícita –y explícita– a esta exploración se halla la idea de que, a través de las prácticas formales e informales, el mindfulness puede aprovecharse de forma deliberada y ser puesto al servicio del cuidado de uno mismo. Durante la semana 7, y posteriormente durante la semana 8, centraremos nuestra atención en cómo integrar en la vida cotidiana la práctica del mindfulness, no solo en el aspecto teórico, sino también de un modo práctico y de sentido común, lo que nos permitirá seguir desarrollando la práctica en nuestra vida una vez que el curso haya terminado.

Tras un breve periodo de sentada, el grupo lleva a cabo algunos ejercicios de yoga. Para empezar, introducimos un breve escáner corporal mientras permanecemos de pie. Dado que los asistentes han practicado el escáner corporal durante las semanas previas, se invita a los miembros de la clase a observar todo aquello que se presente. También se les invita a darse cuenta de si hay alguna parte de su cuerpo que requiera mayor atención: quizá sientan tensión en los hombros debido al trabajo con el ordenador, o sus ojos estén cansados por el exceso de lectura. Ellos simplemente sintonizan amablemente con su cuerpo durante el escáner, percibiendo todas las sensaciones que reclamen su bondadosa atención.

Luego se les pide que digan lo que han percibido en su cuerpo y también se les pregunta si hay una postura de yoga, o tal vez algún otro ejercicio (como rotar los hombros), que les gustaría hacer ahora y compartir con el grupo. Quizá se haya convertido en su postura favorita, o traten de manifestar la comprensión intuitiva de que «Cuando me siento de un determinado modo, hago esta postura de yoga para expresar mi deseo de cuidar de mí mismo». Son muchos los que han experimentado durante las semanas precedentes una comodidad más natural en sus posturas de yoga, así como una mayor delicadeza que se plasma en el modo en que se mueven en la vida cotidiana.

La persona que dirige el ejercicio puede efectuar al mismo tiempo comentarios personales, compartiendo su relación con el ejercicio. Los relatos que los participantes transmiten en este contexto no siempre son positivos, pero son auténticos. Invariablemente, algunos declaran que solo haciendo yoga se habían dado cuenta de cuánto se habían ignorado o tratado con dureza a sí mismos.

Un participante, un antiguo corredor de maratón, compartió lo siguiente: «Me sentía tan enfadado que no podía conseguir apoyar el pie en la parte superior de la pierna contraria durante la postura de pie. Desde mi operación de cadera, me es impo-sible. No importa lo que haga, no puedo hacer nada de lo que solía». Se detuvo un momento antes de continuar: «Empujaba con tanta fuerza que me caí una vez. Y, aunque no me hice daño, mi orgullo se sintió vapuleado. Sin embargo, cuando os miro a todos vosotros, puedo sentir algo más: todos estamos de pie y nos enorgullece». Y añadió con una sonrisa: «Aunque la mayoría estemos un poco torcidos».

Un aspecto fundamental del cuidado de uno mismo es llegar a reconocer que el factor más importante a la hora conseguirlo es nuestra propia voluntad para «progresar». Es muy frecuente, sobre todo si hemos experimentado una serie de difíciles reve-ses, que terminemos siendo pasivos o indiferentes, esperando que alguien o algo nos hagan sentirnos más implicados. Dar un paso decidido hacia el cuidado de uno mismo tiene que ver realmente con aceptar la invitación de nuestro cuerpo, nuestra mente y nuestro corazón para reconectar una y otra vez, para escuchar cuidadosamente, para ser conscientes de los mensajes que nos transmiten y responder de la manera adecuada. Advertir que nuestros hombros están tensos y estirarlos responde al mismo tipo de impulso que nos lleva a tomar nuestra medicina, acudir a un necesario chequeo médico o hablar con alguien acerca de un conflicto. El *cuidado de uno mismo* significa cuidar del yo. Y dado que, para muchos de nosotros, una de las cosas que más dificultades nos plantea no solo es reconocer cuándo necesitamos cuidado, sino también proporcionárnoslo a nosotros mismos, un ejercicio como este resulta profundamente estimulante.

El siguiente ejercicio explora el tema de «Donde quiera que vayas, ahí estás», un dicho lleno de sabiduría que también forma parte del título de un éxito editorial de Jon Kabat-Zinn sobre la meditación mindfulness, *Mindfulness en la vida cotidiana: cómo descubrir las claves de la atención plena. Donde quiera que vayas, ahí estás.* Manteniéndose en silencio y guiados durante el ejercicio por el instructor de MBSR, se invita a los participantes en la clase a situarse en diferentes «asientos» en la sala para explorar un conjunto particular de temas en cada uno de ellos. Este ejercicio también llama nuestra atención sobre una importante cualidad que se ve reforzada por la presencia mental: la capacidad de ejercer nuestro derecho a elegir. Abordando este tema varias veces durante el curso, exploramos cómo el mindfulness nos ayuda a tomar decisiones más acertadas, puesto que nos torna conscientes de nuestro comportamiento habitual y de las actitudes mentales que contribuyen a mantenernos bloqueados tanto en el interior como en el exterior.

Así pues, mientras los participantes se desplazan por distintas zonas de la sala seleccionadas según las experiencias aparentemente desagradables o agradables que pueden movilizar, se les invita a sentir directamente dónde están y a explorar las actitudes que les despierta el hecho de hallarse ahí. En cada asiento se plantean algunas preguntas sugeridas por el instructor. Algunas de estas preguntas apuntan a las expectativas que puedan albergar los participantes acerca de su experiencia. Por ejemplo, en un punto, se les invita a sentarse en un lugar que asumen que es desagradable y que, normalmente, nunca elegirían. Al sintonizar con sus sensaciones mientras permanecen sentados en ese lugar, cobrando consciencia de sus diferentes experiencias sensoriales, muchos se sorprenden gratamente al descubrir que su experiencia real es diferente de lo que pensaban. Quizá vean las cosas desde la perspectiva completamente distinta que les otorga la nueva posición. Por ejemplo, alguien puede haber sentido muchas veces frío en la sala, pero el nuevo lugar en el que se sienta se ubica en una esquina protegida de las corrientes de aire.

Al mismo tiempo, un lugar seleccionado porque nos parece agradable también puede ser desagradable porque el asiento no permite que nos acomodemos, o porque, al sentarse, el participante se siente aislado del resto de la sala. De ese modo, el ejercicio permite que el participante practique con todo lo que se presente, ya sea agradable, desagradable o neutro. El hecho es que la mayor parte del tiempo no estamos donde estamos. Podemos desear estar en otro lugar, o podemos estar tan atrapados en nuestra propia opinión que no vemos lo que está ahí, sino tan solo lo que estamos condicionados a ver. El resultado es que nuestro mundo se torna cada vez más estrecho porque tendemos a limitarnos a lo que conocemos, aun cuando no nos haga particularmente felices. ¿Es posible ver más allá o en el interior de lo que percibimos para desprendernos de nuestras lentes e ir al encuentro de lo que es, tal como es?

Los instructores investigan la relación entre el ejercicio y su aplicación a la vida cotidiana, tal vez preguntando: «¿Percibes la conexión entre este ejercicio y el tema de las expectativas en tu propia vida?». «¿Cuál es el asiento que ocupas en tu vida?». O bien: «Cuando las cosas son poco claras o inseguras, ¿eres capaz de tolerar esa falta de certeza?».

Así pues, también se suscita el tema de la naturaleza siempre cambiante de las cosas y las situaciones, y una vez más se ve subrayada la práctica del mindfulness, entendida esta como permanecer con cualquier cosa que surja, allí donde estemos. Incluso la incertidumbre tiene derecho a estar presente. Ser reactivo significa querer deshacerse de la molestia tan pronto como sea posible. En cambio, ser sensible supone permitir que la situación se despliegue permaneciendo con ella momento a momento. Y, en ese despliegue, puede arraigar un nuevo sentido de calma y estabilidad, incluso cuando todo a nuestro alrededor esté dando vueltas.

El miedo a no tener el control a menudo nos impide aceptar una nueva situación en la que nos enfrentamos a lo desconocido. Para algunos, la idea de explorar nuevos lugares puede parecer atractiva, pero para la persona que se resiste firmemente a lo desconocido, es cualquier cosa menos reconfortante. Yo (Linda) lo sé muy bien por propia experiencia. Visité París por lo menos tres veces antes de permitirme acomodarme y disfrutar de la ciudad. Aunque nací y crecí en Nueva York, me sentía muy incómoda las primeras veces que fui a París. Cada vez que llegaba, abandonaba la ciudad un día después y me dirigía a una pequeña ciudad o pueblo francés. Fue solo cuando alguien me invitó a quedarme en París cuando me sentí lo suficientemente cómoda para explorar la ciudad.

Cuando reflexiono sobre lo ocurrido, aparte de que yo era bastante joven y no disponía de dinero para afrontar los desafíos de París, reconozco que lo que me obligaba a huir era, sobre todo, mi sentimiento de no saber dónde estaba, de perder el control y de no poder valerme por mí misma. Me sentía impotente porque no sabía hablar el idioma y, dado que tampoco era buena en la lectura de mapas, solía terminar en un lugar distinto a donde pretendía ir. Quería saltarme la fase de inseguridad a lo desconocido tan pronto como fuese posible y, literalmente, me despedía de París antes siquiera de haber hecho acto de presencia.

Martina compartió una experiencia con un tema similar. Ella había estado luchando para liberarse lo más rápidamente posible de la incomodidad, pero era imposible para ella porque la fuente de su «infierno privado», como ella misma lo calificaba, estaba literalmente en su cabeza. Un zumbido grave en los oídos la impulsó a matricularse en el curso de MBSR. Aunque había recibido tratamiento médico y psicoterapia, hasta ahora no habían producido el efecto esperado. Y, si bien era bastante escéptica acerca de si el curso podría ayudarla, quería probarlo de todos modos. Lo que más difícil le había resultado hasta ese momento era la meditación sedente:

Casi me sentí traumatizada la primera vez que el instructor nos pidió que escuchásemos los sonidos. Yo había estado haciendo todo lo posible para no escuchar sonidos, porque los que oía dentro de mi cabeza me estaban volviendo loca. No podía evitarlo y me las arreglé para seguir adelante, a pesar de que, durante un largo periodo, todo lo que pude sentir fue mi resistencia, algunas veces las lágrimas, y mucha presión… dentro y fuera. En algún momento, sin embargo, dejé de luchar, dejé de intentar mantener a raya los sonidos y simplemente los acepté… Quiero decir que acepté que estaban ahí. ¡Y fue toda una revelación! Percibí (escuché) cosas al respecto que nunca antes había escuchado. No todos eran iguales, y había incluso pequeños momentos en los que no oía nada. No sé qué sucedió, pero fui consciente de algo por primera vez: ¡era capaz de convivir con ellos!

Finalizado el ejercicio del cambio de lugar, llevamos a cabo un largo periodo de meditación sedente, profundizando en la experiencia de sentarnos en medio de nuestra vida a través de la práctica de la consciencia abierta. Dado que este ejercicio sigue al ejercicio del movimiento, se recuerda a los participantes que tomen asiento y que, si les resulta posible, estén presentes en el centro de su vida. La consciencia sin elección, que empezaron a practicar en la semana 5, les resulta ahora más familiar, y la instrucción de permanecer con lo que es –es decir, estar presentes con los sonidos, la respiración, los pensamientos, emociones y sensaciones– les parece más sencilla.

Después de la meditación sedente, dedicamos un tiempo a explorar la práctica en casa. Ahora, llegados ya a la semana 7, el grupo suele guiarse a sí mismo y depender menos de la orientación del instructor. Los miembros del grupo pueden plantearse los unos a los otros diferentes cuestiones o recabar más detalles sobre un determinado tema. Los participantes experimentan mayor confianza y claridad y están comprometidos con un profundo nivel de exploración. La sabiduría surge naturalmente en el grupo.

El siguiente tema que exploramos es: «¿Qué recibimos?». Como parte de su práctica en casa, los participantes ya habrán reflexionado sobre este tema durante la semana 6. Las siguientes son algunas orientaciones para la práctica en casa, basadas en un manual del curso MBSR para los participantes de la clase del Instituto de Mindfulness, en Rolde, Holanda.[29]

Percibir lo que recibimos

Cada día recibimos muchas cosas a través de nuestros cinco sentidos: vista, oído, tacto, olfato y gusto. Los sentidos son entradas a nuestra consciencia y pueden dar lugar a reacciones automáticas: cada experiencia nos resulta placentera o desagradable, y la siguiente cosa que hacemos es decidir si realmente queremos eso o no lo queremos.

Esta semana, prestamos especial atención a lo que acogemos cada día mediante los sentidos. Observamos, pues, lo que deseamos escuchar, ver, oler, tocar y saborear, y consideramos los siguientes aspectos:

- ¿De dónde viene?
- ¿Cuánto pones de tu parte para acogerlo?
- ¿Ocurre más o menos automáticamente, o es una elección consciente?
- ¿Es neutro, agradable o desagradable?
- ¿Cómo reacciona tu cuerpo a ello? ¿Y tu respiración?
- ¿Qué sensaciones o pensamientos están presentes?
- ¿Qué percibes acerca del modo en que estás con ello?

En la clase, se invita a los participantes a compartir lo que hayan observado durante la semana anterior. Si bien mencionan muchas cosas, las tres más discutidas son: alimentos, medios digitales y ruido. Uno de los temas más comunes durante la semana es la comida. Muchos comentan que son conscientes de la dificultad que entraña permanecer con la experiencia mientras esta ocurre. Mencionan diversas formas de lo que ellos llaman comer automáticamente, incluyendo:

- Comer sobre la marcha.
- Comer rápidamente con el fin de ganar tiempo.
- Comer mientras se dedican totalmente a otra actividad.
- Escoger alimentos poco saludables.
- Comer en exceso cuando están estresados.

En este punto, es fácil centrarse en buscar soluciones prácticas o asumir que existe una forma correcta u otra incorrecta de hacer las cosas. Es especialmente difícil nuestra tendencia a censurarnos a nosotros mismos para tratar de forzarnos a ser del modo en que pensamos que deberíamos ser.

El énfasis de esta clase recae en advertir, sentir y llegar a ser conscientes de cómo el cuerpo y la mente se ven afectados por nuestros deseos. No se trata de aportar soluciones o consejos. De hecho, tanto la observación como diferentes estudios de investigación demuestran que este tipo de enfoque no surte un efecto duradero a la hora de cambiar un comportamiento. Encontrar la capacidad para sobrellevar las sensaciones que nos inducen a incurrir en una determinada conducta –y, no obstante, no hacerlo– puede resultar mucho más útil en este sentido. Una de las razones es que lo que sentimos no es una reacción, sino una respuesta alentadora y no punitiva para uno mismo. En lugar de juzgarnos, el cultivo de una resolución suave y tranquila nos lleva a crear un fundamento de autoconfianza y una sensación de tranquilo dominio que nos transmite el mensaje: «Puedo hacerlo. Incluso aunque haya recaídas, puedo darme cuenta de ello, sin necesidad de castigarme, y seguir avanzando todas las veces que haga falta...».

Las reacciones ocurren, y en la clase se enfatiza enérgicamente que debemos advertir que estas aparecen a partir de una posición descentrada, aunque siempre tenemos la opción de percibir los pensamientos como pensamientos y no como impulsos para hacer algo. A menudo, los participantes desean no reaccionar y, aunque puedan ser conscientes a este respecto, eso no siempre conduce a elecciones más saludables, ya que los hábitos se hallan muy profundamente arraigados. Podemos, en este punto, constatar que nos criticamos a nosotros mismos, pero que lo que más necesitamos es autocompasión y autoconfianza. Una cuestión importante que se plantea en clase es la siguiente: ¿Cómo podemos mantener nuestra consciencia en la vida cotidiana?

Los efectos derivados de vivir en un mundo cada vez más digitalizado son también puestos bajo el escrutinio de muchos participantes cuando observan lo que reciben o a qué se exponen durante la semana. Ellos también se sienten preocupados por la cantidad de tiempo que pasan en internet, especialmente en las redes de comunicación social, y de qué modo eso afecta a su familia y otras relaciones.

Los efectos de las redes sociales son bien visibles en la vida pública. Son muchas las personas que consultan constantemente sus dispositivos. En los restaurantes solemos ver a familias enteras consultando su teléfono móvil mientras están sentados a la mesa, teniendo apenas tiempo de pedir nada. Según Jeanene Swanson: «Existe también la tendencia a ser incapaz de vivir el momento sin transmitir cada detalle a través de mensajes de texto, tuits o compartiéndolo en redes sociales. Se trata de una cuestión de gran alcance, conocida en lenguaje de internet como FOMO, es decir, el «miedo a perderse algo».[30] Ella cita a David Greenfield, fundador del Center for Internet and Technology Addiction, en Connecticut, quien comenta a propósito del efecto que tiene «vivir» conectado: «No puedo afirmar que sea una patología, pero es un interesante fenómeno social», señala Greenfield. El problema es que «en realidad, no estás viviendo [la vida], sino retransmitiéndola».[31]

¿Qué papel desempeña el mindfulness a la hora de ayudarnos a llevar una vida realmente equilibrada, en la que ni la comida ni el uso de internet ni ninguna otra sustancia o actividad nos roben buena parte de nuestra vida y tengamos tiempo suficiente para alimentar tanto nuestros periodos de actividad como de ocio? Ambos son imprescindibles si queremos mantener bajos nuestros niveles de estrés y cultivar la capacidad de resiliencia y de relajarnos después de afrontar un desafío estresante.

Una aptitud clave que debemos abordar, en especial durante la semana 7 pero también en las semanas previas, es la capacidad de advertir cuándo nos implicamos en algo que carece de utilidad para nosotros. Si nos damos cuenta de ello, interrumpimos la tendencia automática a incurrir en dicho comportamiento. Momentos como estos son, de hecho, oportunidades en las que elegir se vuelve posible. Las ocasiones en que experimentamos una consciencia acrecentada de estos momentos, aunque solo sea brevemente, constituyen poderosos indicadores –y posibilidades– para los participantes.

Además, la práctica del mindfulness nos permite ser conscientes de la rapidez y la dureza con que nos juzgamos a nosotros mismos, fortaleciendo inadvertidamente la sensación de estar fuera de control o de ser víctimas de nuestros propios impulsos. Tenemos la arraigada tendencia, cuando afrontamos una conducta habitual, de generar sentimientos negativos hacia ella y de querer corregirla o cambiarla lo más rápidamente posible. Este es otro ejemplo de una respuesta reactiva, impulsada por el deseo de deshacernos de algo que no nos gusta. Otra manera de describirlo sería decir que, cuando sentimos aversión hacia algo, nos provoca molestias que queremos aliviar.

El deseo de cambiar es una cualidad humana, pero quizá el lugar más útil por el que empezar no sea tratar de hacer ningún cambio en absoluto, sino cultivar la capacidad de prestar atención cuando aparece este deseo y ver la manera en que nos afecta. Podemos prestar atención a nivel corporal, advirtiendo nuestras sensaciones, pensamientos, emociones y el efecto que tienen en nosotros. Podemos resistirnos a la tentación de hacer que este tipo de respuesta se detenga y, en su lugar, cabalgar las olas del impulso, prestando especial atención en dónde se manifiestan en nuestro cuerpo.

Podríamos decir que, en este caso, nos situamos de manera consciente en el espacio que se cierne entre el impulso y el acto de satisfacerlo. Aunque este no es un lugar fácil en el que permanecer, la práctica y el cultivo de la curiosidad y la bondad –y no del autocastigo y de una actitud crítica– nos permiten regar las semillas de la sabiduría que algún día florecerán en elecciones sabias y vivificadoras.

En una sección anterior de este libro hemos hablado acerca de la voluntad de permanecer simplemente con el hábito de la evitación, en lugar de asumir la idea de que tenemos que ser disciplinados y superar algo. Mencionamos entonces la experiencia de Robert, quien sentía que carecía de la disciplina requerida para seguir practicando cada día durante el curso MBSR. La palabra «disciplina» suele utilizarse en el contexto de cambiar las opciones de vida insanas. Decimos que somos indisciplinados cuando no podemos, por ejemplo, evitar tomar un trozo extra de chocolate. Sin embargo, aunque se considera que el duro impulso para ser disciplinados constituye una forma de autosuperación, es en realidad un acto de agresión hacia nosotros mismos.

En vez de utilizar el término «disciplina», la cual suele conllevar la idea de castigo o de comportarse de manera poco amable, Linda prefiere la palabra «voluntad».[32] La voluntad, en este contexto, es la cualidad de estar presente en el cuerpo, la mente y el corazón con una consciencia abierta que no se aferra, cierra ni amplifica lo que hay. Otra palabra que podría sustituir a disciplina es «incondicionalidad».

Pema Chödrön, cuyos libros han llegado a ser superventas debido a su enfoque práctico y cálido, tiene esto que decir acerca del sendero de la incondicionalidad:

La incondicionalidad es un regalo precioso, aunque en realidad nadie puede concedérnoslo. Tenemos que descubrir un camino con corazón y recorrerlo de manera impecable. Cuando lo hagamos, encontraremos una y otra vez nuestra propia tensión, nuestras propias preocupaciones, nuestra propia caída de bruces. Pero, gracias a la práctica y al seguimiento incondicional de este camino, esos inconvenientes no suponen ningún obstáculo, sino que simplemente constituyen una cierta textura y una determinada energía de la vida. Y no solo eso, sino que nos parece, a veces, estar volando y que todo es tan bueno que pensamos: «En efecto, este es el camino con corazón», pero de repente nos damos de bruces contra el suelo. Entonces, todo el mundo nos mira y nos preguntamos: «¿Qué ha sucedido con el sendero con corazón? Este sendero solo parece manchar de barro mi cara». Sin embargo, dado que estamos plenamente comprometidos con el viaje del guerrero, ello supone un acicate y un empujón para nosotros. Es como si alguien se riese en nuestro oído y nos plantease el reto de averiguar qué hacer cuando no sabemos qué hacer. Nos torna más humildes. Abre nuestro corazón.[33]

Practicar con un espíritu de incondicionalidad significa, en realidad, volver una y otra vez a una situación concreta, contando con la amabilidad y la determinación como nuestros hábiles compañeros.

Cuando la clase toca a su fin, llamamos la atención sobre el hecho de que la próxima clase será la última. En el manual de práctica en casa, se pide a los miembros de la clase que reflexionen sobre sus objetivos para mantener la práctica una vez que el curso haya terminado. ¿Cómo van a mantener el impulso generado en las semanas anteriores? La incondicionalidad, la amabilidad y la inclinación hacia la vida son semillas que se plantan y riegan y que pueden ser cosechadas, en cada momento, una y otra vez. En los momentos de silencio con los que concluye la clase, los participantes encarnan un sentimiento de serena confianza, tranquila determinación y presencia consciente aquí y ahora.

Preguntas para promover el mindfulness

Cuando adviertas el impulso o deseo de hacer algo que normalmente haríamos, trata de plantearte una o varias de las siguientes preguntas. Es mejor considerar cada pregunta como un espacio abierto en el que simplemente estar presente con lo que surja, más que como un elemento en una lista de tareas que tienes que completar.

1. Primera observación: ¿Cuál es el impulso que te induce a participar en la actividad? ¿Qué pareces querer verdaderamente con tanta urgencia?
2. Tómate tu tiempo para advertir:

a. Las sensaciones presentes y dónde se localizan en tu cuerpo.

b. Los pensamientos presentes (por ejemplo, «Tengo que contar con esto» o «Tengo que aliviar esta presión»).

c. Todos los sentimientos que están presentes (por ejemplo, tristeza, inquietud, ira, alegría).

d. Cómo puedes estar atento mientras experimentas el deseo de alcanzar algo o de tratar de evitarlo.

e. ¿Deseas realmente algo o hay algo desagradable que quieres ocultar o bloquear?

f. ¿Hay alguna alternativa que podría ser, de hecho, más sana y más satisfactoria para ti?

g. ¿Cómo influye en tu salud o en tu sensación de bienestar aquello por lo que te sientes atraído?

h. ¿De qué alternativas dispones?

i. ¿Qué obstáculos parecen impedir que elijas una alternativa más saludable?

Semana 8
Mirando hacia atrás, caminando hacia delante

La última sesión del curso de ocho semanas de MBSR comienza como las anteriores: con un ejercicio de mindfulness. Empezando con el escáner corporal, el grupo cierra por completo el círculo, repitiendo el ejercicio presentado durante la primera sesión. A estas alturas, el escáner corporal es un ejercicio tan familiar como las posturas de yoga, la meditación sedente y el paseo meditativo. Además, cada uno de estos ejercicios es, como antes, una invitación a volver a casa, a nosotros mismos.

El curso de MBSR como un viaje

En muchos sentidos, participar en un curso de MBSR se parece a emprender un viaje. Del mismo modo que, cuando planificamos un viaje, hay muchas cosas que hay que tener en cuenta: inscribirse en el curso, organizar el transporte, ajustar horarios, y así sucesivamente. Antes de emprender el viaje, solemos adquirir mapas y guías y, si dedicamos suficiente tiempo a estudiarlas, pensamos que sabemos lo que nos aguarda. Sin embargo, un viaje suele esconder sorpresas para las que ningún libro puede prepararnos.

Lo mismo sucede cuando, antes de experimentarlo, leemos algo (incluyendo este libro) acerca del programa de MBSR. No importa cuánta información absorbamos, pronto se torna patente que asistir a clase es muy diferente a leer sobre el tema. Como reza la célebre declaración del especialista en semántica Alfred Korzybski: «El mapa no es el territorio que representa».

Durante un viaje, conocemos a gente nueva y, a veces, viajamos con ellos antes de tomar rumbos diferentes. A menudo hay una dulce tristeza al despedirnos. Un sentimiento similar impregna la última sesión del curso MBSR. Aun cuando nuestro viaje en común no siempre haya sido fácil, impera un espíritu de camaradería y la sensación de compartir el camino del mindfulness. Reconocer esto durante el último encuentro del grupo resulta conmovedor para muchos. A lo largo de las ocho semanas, sin embargo, la práctica ha consistido en permitir que esos sentimientos estén presentes sin alimentarlos ni rechazarlos.

Convertirnos en nuestros mejores amigos

Así pues, uno de los temas que abordamos en la última reunión es cómo continuar la práctica del mindfulness una vez que el curso haya terminado. Para muchos participantes, inscribirse en la clase MBSR fue un paso importante en esta dirección. Cuando termina el curso, dedicamos un tiempo a reflexionar sobre lo que hemos aprendido acerca de cómo cuidar de nosotros mismos y cómo podemos seguir haciéndolo en el futuro.

Durante la semana 7, una de las maneras de abordar este particular es pedir a los participantes que reflexionen sobre las siguientes preguntas y se centren en una o más de ellas que les parezcan especialmente relevantes:

- ¿Cuáles son las actividades más beneficiosas para mi salud, crecimiento personal y relaciones? ¿Qué actividades parecen perjudicar estos aspectos de mi vida?
- ¿Puedo dedicar un tiempo en mi vida diaria a llevar a cabo con regularidad algún tipo de ejercicio físico que me agrade?
- ¿Qué debo hacer para llevar a la acción mis ideas acerca del cuidado de mí mismo?
- ¿Qué o quién puede sabotear mis planes? ¿Qué pasos concretos debo emprender para apoyarme en el caso de que aparezcan obstáculos?
- ¿Es posible ponerme en contacto con otros participantes? ¿Cómo puedo hacerlo? Quizá:

  1. ¿Intercambiando los números de teléfono y hablando regularmente como compañeros de meditación?
  2. ¿Inscribiéndome en un curso de posgrado de MBSR o en otras ofertas de meditación mindfulness?

3. ¿Llevando a cabo un retiro?
4. ¿Meditando regularmente con un amigo o un grupo?

A veces, se invita a los participantes a que escriban una carta dirigida a uno mismo, la introduzcan en un sobre y le pongan sellos, para que su instructor se la envíe después de varios meses. En esa carta se les anima a utilizar palabras de apoyo para sí mismos, especialmente acerca de la continuidad futura de su práctica de mindfulness. También se les anima a que se recuerden lo aprendido durante el curso.

Muchos de los participantes se sienten profundamente conmovidos cuando leen sus cartas meses más tarde. Helen escribió lo siguiente para hablar de su experiencia:

Cuando recibí la carta, no podía creer que me hubiese escrito esas palabras. Sonaban tan sabias. ¿Era realmente yo? Y, cuando volví a leerlas, supe que era realmente yo quien las había escrito.

El curso de MBSR me ayudó a conectar con un aspecto muy profundo de mí misma, una parte que había conocido entonces, que siempre conocería y que iba a cuidar de mí. A menudo vuelvo a leer la carta para ayudarme a mantener el rumbo. Después de todo, estoy leyendo una carta de mi mejor amiga.

La llama eterna:
mantener la práctica en marcha

Al final del curso, la pregunta que se hacen muchos participantes es: ¿cómo voy a continuar mi práctica de mindfulness
cuando la clase haya terminado?

Antes de empezar los Juegos Olímpicos, se enciende una
antorcha en el estadio. La llama es un poderoso símbolo del
espíritu de dedicación, compromiso y esfuerzo que permite que
ocurra el acontecimiento cada cuatro años. La primera sesión
de un curso MBSR es comparable a encender una llama que
simboliza el espíritu del mindfulness. Cada vez que practicamos un ejercicio, alimentamos ese fuego y hacemos que sea
más brillante.

Sin embargo, no siempre es fácil mantener encendida la
llama durante el curso. A veces, un viento fuerte o la lluvia
amenazan con apagarlo. Las inclemencias del tiempo pueden
representar cualquier cosa, como, por ejemplo, algo que altera
profundamente nuestra vida: la alarma de un reloj que no se
apaga, un último proyecto que no puede esperar o un ser querido ingresado en el hospital.

Pero lo que sucede es la vida. Maravillosos, locos, apaci-
bles, desafiantes y, a veces, con la fuerza de un huracán, los
hechos ocurren. Afrontar la vida y estar presente en medio de
ella, sin huir ni desmoronarse, esta ha sido nuestra práctica. Y
ahora, ¿cómo podemos seguir adelante?

Marchar en línea recta
por un camino con 99 curvas

Hans expresó su preocupación acerca de mantener su práctica del curso de mindfulness: «He trabajado duro estas ocho semanas para establecer una práctica regular, pero tengo miedo de que, cuando ya no haya una clase a la que asistir, sea incapaz de mantener el ritmo. Me resultaba muy útil saber que vendría aquí cada semana. Y ahora eso va a terminar». Nadie afirma que sea fácil practicar mindfulness en la vida cotidiana y, en especial, cuando aparecen dificultades como el dolor severo, el desempleo, una tragedia personal, o vernos sacudidos por el carácter impredecible de la vida. Lo que muchos descubren durante el curso, sin embargo, es que el mindfulness es empoderador. Cuando aprendemos esto, es posible prestar atención a los distintos aspectos de una situación difícil y ser capaces de tomar una decisión consciente acerca de cómo responder a ella, cultivando tanto un sentido de fortaleza personal como el deseo de efectuar una elección responsable.

Sabine confirmó esto cuando dijo durante la última tarde del curso: «¿Cómo puedo mantener la práctica, aunque parezca que la vida se interpone "en el camino?"». Ella rió, miró a sus compañeros de clase y añadió: «Bien, la vida no se interpone en el camino, ¿no es cierto? La vida sucede. La verdadera pregunta es: ¿cómo puedo responder a ella?».

La declaración de Sabine apunta a un tema central de la práctica del mindfulness: ¿cómo podemos seguir ante las dificultades? De hecho, este es un tema central en muchas tradiciones meditativas. En la práctica de la meditación Zen, por ejemplo, los estudiantes participan, en ocasiones, en una modalidad de indagación meditativa en la que reflexionan acerca de historias que parecen en primera instancia paradójicas. La cuestión de cómo seguir adelante a pesar de las dificultades de la vida es similar a una conocida pregunta de la tradición Zen: ¿Cómo se puede avanzar en línea recta por un camino que tiene 99 curvas?

Cuando los alumnos trabajan con esta pregunta, su primera reacción suele ser la siguiente: «Eso es imposible. No se puede marchar en línea recta por un camino con 99 curvas». Después de reflexionar al respecto, sin embargo, el estudiante reconoce que el camino con 99 curvas es su propia vida. Las curvas representan los sucesos –retrocesos, retos y oportunidades– que ocurren cada día.

Pensar que tenemos que movernos en línea recta por un camino sinuoso significa que creemos que debemos atravesar la vida sin mirar a izquierda ni a derecha. Sin embargo, moverse en línea recta también puede significar que aceptamos la invitación de la vida para encontrarnos directamente con ella, es decir, ir por el camino recto y girar en cada curva de la mejor manera posible, pero no ciegamente, sino permitiéndonos permanecer abiertos a todo lo que encontramos. De ese modo, aprendemos a confiar en nuestra propia capacidad para llevar una vida consciente y experimentar su riqueza con independencia de las circunstancias.

Continuar la práctica formal e informal

Como preparación para la sesión final, se anima a los participantes a diseñar su propio programa de práctica una vez que el curso haya concluido. Algunos deciden centrarse en uno de los ejercicios formales para practicarlo de manera regular. Otros prefieren una mezcla como, por ejemplo, dividir su hora de práctica diaria en segmentos de tiempo en los que llevar a cabo el escáner corporal o el yoga, seguidos por un periodo de meditación sedente.

Asimismo, durante la semana 7, se alienta a los participantes a que traten de llevar a cabo los ejercicios principales de meditación prescindiendo de la guía del audio. El mensaje es que disponemos ya de todo lo que necesitamos para integrar la práctica diaria del mindfulness en nuestra vida y que podemos desempeñar un papel más importante a la hora de decidir cuál será la forma que asumirá dicha práctica y cómo se estructurará desde el punto de vista del tiempo que le dedicamos.

Para muchos está claro que la práctica del mindfulness tiene que ser una prioridad en su vida cotidiana. Joan compartió con nosotros su experiencia sobre el modo de dar prioridad a la práctica:

La semana pasada tenía una cita muy importante para mí. Ese día estaba diluviando y no tenía coche. Decidí llamar a un taxi, pero me preocupaba que no hubiese ninguno disponible. Así que llamé con tres horas de antelación para hacer una reserva. Incluso conté una pequeña mentira diciendo que debía ir al médico.

Me sorprendió el esfuerzo que hice. Fue una gran lección para mí acerca del compromiso que puede sustentar una decisión. Entonces comprendí que podía hacer lo mismo con mi práctica del mindfulness. Solo tengo que configurarla, comprometerme con ella y, llueva o brille el sol, llevarla a cabo. De hecho, en última instancia, solo depende de mí.

Honestidad radical

Ser realistas acerca de la continuidad de la práctica del mindfulness significa hacer planes basados en el conocimiento de uno mismo y en diseñar una práctica en la vida cotidiana que sea factible.

No tiene sentido decir que nos levantaremos cada mañana una hora antes de lo habitual para practicar, si sabemos que no somos personas madrugadoras, o tenemos niños muy pequeños cuyo momento de despertar puede ser impredecible. Reflexionar sobre las siguientes preguntas es útil para establecer un plan de práctica realista:

1. ¿Me ha sido posible hacerlo en el pasado?
2. Idealmente, ¿cómo me gustaría programar mi práctica de mindfulness para el futuro?
3. ¿Este plan es realista?
4. ¿Qué obstáculos pueden surgir?
5. ¿De qué recursos dispongo para apoyarme?

6. ¿Qué ajustes adicionales son necesarios para hacer que mi plan sea tan viable como resulte posible?
7. ¿Puedo comprometerme con esto? ¿Durante cuánto tiempo?

Animamos a los participantes a que dediquen un tiempo a estas preguntas y sus correspondientes respuestas. Es posible que tengan que efectuar algunos ajustes. Por ejemplo, quizá decidamos no practicar el lunes porque suele ser un día difícil para nosotros. Así pues, seguimos dando forma a nuestros planes hasta que encontremos algo con lo que podamos comprometernos… ¡y entonces asumimos el compromiso!

A menudo, surge una pregunta obvia: ¿qué sucede si dejo de practicar? El entrenamiento en mindfulness no es diferente de la formación en otras habilidades. Si aprendemos a interpretar un instrumento musical durante la infancia, por ejemplo, y luego paramos durante un tiempo, todavía seremos capaces de interpretarlo años más tarde. Sin embargo, perderemos algunas notas, nuestras manos se sentirán mucho más rígidas y la música parecerá más forzada porque no hemos practicado con regularidad. No obstante, si empezamos a practicar de nuevo, llevará algún tiempo, pero la agilidad volverá.

Lo mismo sucede cuando abandonamos la práctica del mindfulness. Siempre podemos empezar de nuevo… y de nuevo… en el momento siguiente… con la siguiente respiración.

Trabajar con la cuestión de cómo mantener nuestra práctica nos obliga a ser radicalmente honestos. *Radical* en este sentido significa que estamos dispuestos a observar nuestro propio comportamiento y llamarlo por lo que es. Esto supone ver claramente y no solo a través del velo de nuestras esperanzas, deseos y expectativas. En ese caso, cuando no alcanzamos nuestros objetivos, nos recomponemos tan amable y suavemente como sea posible, nos sacudimos el polvo y comenzamos todo de nuevo. Es muy poderoso llamar a las cosas por su nombre, decidir en silencio y valerosamente lo que debemos hacer y llevarlo a cabo luego lo mejor que podamos.

El final es el principio

Cuando la última clase se aproxima a su conclusión, se brinda a cada persona la oportunidad de decir lo que le ha parecido más importante durante el curso. Al presentar este tema, Linda a veces lee la siguiente historia real del libro titulado *Presence* a sus alumnos:

> Hace algunos años… Fred contó una historia que conmovió muy profundamente a la gente. Unos pocos años antes había sido diagnosticado de una enfermedad terminal. Tras consultar a varios médicos, que confirmaron el diagnóstico, pasó por lo que todo el mundo atraviesa en la misma situación. Aunque, durante varias semanas, cayó en la negación, poco a poco, con la ayuda de sus amigos, fue afrontando el hecho de que solo le quedaban unos cuantos meses de vida. «Entonces sucedió algo sorprenden-

te –dijo–. Simplemente dejé de hacer todo lo que no era esencial ni importante. Empecé a trabajar en proyectos con niños que siempre había querido llevar a cabo. Dejé de discutir con mi madre. Cuando alguien se me cruzaba conduciendo o sucedía algo que, en el pasado, me importunaba, ya no me molestaba. Simplemente no tenía tiempo que perder en nada de eso».

Cerca del final de ese periodo, Fred inició una maravillosa nueva relación con una mujer, quien pensaba que debía recabar otras opiniones acerca de su condición. Entonces consultó a varios médicos en los Estados Unidos… y poco después recibió una llamada telefónica que le dijo: «Tenemos un diagnóstico diferente». Los médicos le diagnosticaron una forma rara de enfermedad, pero completamente curable.

Fred dijo: «Cuando me enteré de esto por teléfono, lloré como un bebé, porque tenía miedo de que mi vida volviese a ser de la forma en que solía ser antes».[34]

Muchos de los participantes del curso se sienten inspirados por el relato de Fred y están ansiosos por compartir el modo en que el mindfulness ha afectado, modelado y marcado su propia vida.

Cuando la clase termina, la vida cotidiana, como siempre, nos espera. Como hizo cada semana, Sarah dijo adiós con la mano y se apresuró a coger el último autobús. El teléfono de John sonó tan pronto como lo conectó de nuevo; su esposa le pedía que comprara leche de camino a casa. Mary ayudó a Jane con su abrigo. Allan se situó detrás de la silla de ruedas de Jane, dispuesto a llevarla hasta la entrada, donde su esposo estaba esperándola con la furgoneta. Carl le dijo a Fred: «Envíame la referencia de ese artículo. Quizá haya algo que me interese».

Tras las despedidas finales, el aula se vacía y pronto el silencio se adueña del espacio que ocupábamos. La vida continúa en otros lugares, en todas partes. La próxima semana la clase se llenará con los participantes de un nuevo curso y el ciclo empezará de nuevo.

En la semana venidera, Sarah, John, Allan, Mary Jane, Carl, y Fred abrirán sus libros para leer la entrada referente a la práctica en casa después de la última sesión. Y lo que encontrarán serán estas líneas extraídas de una carta escrita por el poeta Rainer Maria Rilke en su libro *Cartas a un joven poeta*:

Yo querría rogarle… que tenga paciencia frente a todo cuanto en su corazón no esté todavía resuelto. Y procure encariñarse *con las preguntas mismas*, como si fuesen habitaciones cerradas o libros escritos en un idioma muy extraño. No busque de momento las respuestas que necesita. No le pueden ser dadas, porque usted no sabría vivirlas aún, y se trata precisamente de vivirlo todo. *Viva* usted ahora sus preguntas. Tal vez, sin advertirlo siquiera, llegue así a internarse poco a poco en la respuesta anhelada y, en algún día lejano, se encuentre con que ya la está viviendo también.[35]

Estas palabras nos guían a todos, con paciencia y admiración, por el camino con 99 curvas.

Agradecimientos

Nos gustaría empezar mostrando nuestro agradecimiento a los fundadores y pioneros del MBSR. Su compromiso a la hora de transmitir las enseñanzas a las generaciones futuras, así como su dedicación para fomentar y llevar a cabo investigaciones al respecto, han demostrado ser de un valor incalculable, al menos para las autoras de este libro.

En especial, queremos expresar nuestro agradecimiento a Jon Kabat-Zinn, fundador del MBSR y un extraordinario maestro y visionario. Su infatigable compromiso y visión allanaron el camino para que el MBSR prosperase en todo el mundo. También queremos dar las gracias a Saki Santorelli, quien continúa una tradición de excelencia como director ejecutivo del Center for Mindfulness in Medicine, Health Care, and Society, en la Facultad de Medicina de la Universidad de Massachusetts. Nuestro profundo agradecimiento también a Florence Meleo-Meyer, directora del programa Train-the-Trainer, del Oasis Institute for Mindfulness-Based Professional Education, en el Center for Mindfulness (CFM), quien ha compartido generosamente su amable sabiduría y calor tanto con nosotras como con todos los que han estudiado con ella. Asimismo, estamos agradecidas a Melissa Blacker, Elana Rosenbaum y Ferris Urbanowski, con quienes nos hemos entrenado, por habernos transmitido inspiración y claridad y por compartir su amor por la enseñanza del MBSR.

También queremos expresar nuestro más sincero agradecimiento a Mark Williams, uno de los fundadores de la terapia cognitiva basada en el mindfulness, por su apoyo y asesoramiento, así como por su inspiradora manera de enseñar. Muchas gracias también a Rebecca Crane, directora del Centre for Mindfulness Research and Practice, en la Universidad de Bangor (Gales), por sus sabios consejos y su hábil enseñanza, así como por su compromiso en el desarrollo y la difusión de los criterios de valoración para instructores de las intervenciones basadas en el mindfulness. También nos hemos visto muy enriquecidas por nuestra relación con Paul Fulton, miembro del Institute for Meditation and Psychotherapy, y con todos nuestros colegas en este campo. Por su parte, los siguientes compañeros y amigos leyeron el manuscrito y efectuaron útiles sugerencias: Cornelius von Collande, Christoph Egger-Büssing, Ulla Franken, Thomas Heidenreich, Karin Krudup, Renee Kraemmer, Jörg Meibert, Christa Spannbauer e Ingrid van den Hout. Les estamos sumamente agradecidas por ayudarnos a conseguir que este libro sea lo más accesible, preciso y útil que nos ha sido posible.

También estamos especialmente agradecidos a nuestros colegas de MBSR en España (Ana Nirakara y Andrés Martín

Asuero) y en Perú (Manuel Kölker) por leer la traducción española y compartir sus comentarios. También estamos sumamente agradecidas a la New World Library por su apoyo entusiasta en la publicación de la versión en inglés de nuestra muy exitosa edición alemana, y también a Jason Gardner, nuestro editor, y a Bonita Hurd, nuestra correctora de estilo.

Asimismo, queremos mostrar nuestra gratitud a la editora de la edición alemana, Heike Mayer, por su hábil edición, útiles comentarios y apoyo constante. En una etapa temprana de la versión en inglés de este libro, estuvimos respaldadas por nuestra editora Alice Peck y por la correctora de estilo Linda Carbone.

Un agradecimiento especial a Norbert Wehner, quien no solo leyó cuidadosamente el manuscrito, sino que también dedicó muchas horas a incorporar correcciones al texto.

Nuestro agradecimiento es extensible también a nuestros colegas Nils Altner, Bernd Langohr, Katharina Meinhard y Ulla Franken, quienes nos concedieron amablemente su permiso para utilizar algunos de sus textos e ideas. Además, damos las gracias a los miembros de la facultad del IMA, en especial a Sagra Hannich, Günter Hudasch, Karin Krudup, Malgosia Jakubczak, Frits Koster, Johan Tinge, Maureen Treanor, Erik van den Brink e Ingrid van den Hout, quienes tan amablemente estuvieron disponibles para cualquier consulta, brindándonos su sabio apoyo. Es un privilegio trabajar con un equipo tan inspirador, imaginativo y creativo de profesores e investigadores.

Un agradecimiento muy especial al núcleo del Institute for Mindfulness-Based Approaches –tanto al personal administrativo como a los coordinadores–, quienes trabajan de un modo tan dedicado y comprometido. Muchas muchas reverencias como muestra de gratitud a Thomas Schaaff, Hildegard Evels-Schaaff, Susanne Schneider y Sylke Kaenner. Asimismo, los anteriores miembros del personal –Michaela Diers, Silke Kraayvanger e Irene Leupi–, quienes contribuyeron significativamente al desarrollo del instituto, también merecen un emocionado recuerdo.

Linda también desea expresar su profunda gratitud a Sabine Stückmann, quien le sirvió, en el año 1997, de inspiración y apoyo práctico para participar en la primera formación intensiva para instructores en el Center for Mindfulness, Worcester, Massachusetts. Sabine era entonces una mujer joven que tenía una visión, y Linda hizo todo lo posible para honrar su deseo de ayudar al florecimiento del MBSR, primero en Alemania y después en toda Europa.

Asimismo, Linda desea manifestar su más sincero agradecimiento a Peggy Hunter y Dave Tate, quienes en 1995 le permitieron llevar a cabo un periodo de prácticas en sus clases de MBSR en el LDS Hospital, en Salt Lake City, Utah. En aquellos días relativamente tempranos del MBSR en los Estados Unidos, ambas efectuaron una importante contribución al establecimiento del MBSR en el entorno hospitalario.

Nos hemos sentido conmovidas por la apertura y la disposición de los participantes en los diversos programas en los que hemos enseñado, compartido y aprendido juntos. En muchos aspectos, ellos han sido nuestros maestros, obsequiándonos con su mirada clara y la calidez de su corazón.

También queremos expresar nuestra más profunda gratitud a nuestros maestros de meditación. De ese modo, Linda Lehrhaupt se inclina ante *sensei* Al Fusho Rapport, quien la ha guiado con su sabiduría, compasión y humor. También está agradecida a *roshi* Genpo Merzel y a *sensei* Nico Tydeman, con los que ha estudiado durante muchos años.

Petra Meibert tiene una deuda muy profunda con su primer maestro, Don Alexander, por hacer la práctica del mindfulness accesible de una manera que le ayudó a integrarla en su vida y emprender el camino de la meditación. Además, expresa su profunda gratitud a su maestro Tarab Tulku Rinpoché por su apoyo paciente y experto en el sendero de la práctica.

Petra Meibert también desea manifestar sus sentimientos más profundos de interconexión y gratitud a su esposo, Jörg, por su cariñoso apoyo y aliento durante la escritura de este libro. Gracias por tu crítica constructiva y profesional, por brindarme apoyo emocional cuando surgieron obstáculos y por infundirme el coraje para seguir adelante.

Por su parte, Linda Lehrhaupt quiere expresar su agradecimiento ilimitado a su hija, Taya, y a su esposo, Norbert. Gracias, Taya, por apoyarme en los momentos difíciles y por animarme a confiar en mí misma y hacer lo que fuese necesario, incluso cuando no era fácil. Norbert, tu apoyo en forma de afectuoso aliento, tu capacidad para ir a lo esencial y las maravillosas comidas que has preparado de manera tan diligente me han alimentado en todos los niveles. Gracias por estar siempre ahí, pase lo que pase.

Notas

1. Jon Kabat-Zinn, *Full Catastrophe Living: Using the Wisdom of Your Body and Mind to Face Stress, Pain, and Illness* (Bantam: Nueva York, 2013), pág. 26.
2. *Ibid.*, pág. lxii
3. Una excelente fuente de información actualizada sobre la investigación del mindfulness es *Mindfulness Research Monthly,* publicado por la American Mindfulness Research Association, https://goamra.org/publications/mindfulness-research-monthly/
4. El Center for Mindfulness in Medicine, Health Care, and Society en la Facultad de Medicina de la Universidad de Massachusetts ha ofrecido el curso MBSR, desde el año 1979, a más de 22.000 personas en la Clínica de Reducción del Estrés. Europa, por su parte, también ha experimentado un fuerte crecimiento en la enseñanza del MBSR y, en la actualidad, cuenta con cientos de instructores, en Alemania, Holanda, Suiza y Reino Unido. Otros países europeos en los que sabemos que se ofrece el MBSR son Dinamarca, Finlandia, Francia, Irlanda, Italia, Lituania, Noruega, Polonia, España, Suecia y Turquía. El MBSR también se enseña en Argentina, Australia, Brasil, Hong-Kong, Nueva Zelanda, Perú, Sudáfrica, Corea del Sur, Taiwán y otros países en todo el mundo. En los Estados Unidos, el Center for Mindfulness in Medicine, Health Care, and Society organiza cada año un congreso de MBSR y actividades relacionadas. En Alemania, la Asociación de Instructores de MBCT-MBSR también

lleva a cabo un congreso anual que atrae a cientos de participantes procedentes de países germanohablantes. Asimismo, la federación europea de asociaciones de instructores de MBSR, conocida como la European Network of Association of Mindfulness-Based Approaches (EAMBA), congrega a instructores procedentes de toda Europa en conferencias y retiros. De hecho, algunos de los servicios nacionales de salud en países europeos (por ejemplo, en Alemania) sufragan los gastos de sus clientes asegurados cuando participan en cursos de MBSR.

5. Jon Kabat-Zinn, *Full Catastrophe Living*, pág. 268.
6. P. Grossman, L., H. Gensicke Kappos, M. D'Souza, D.C. Mohr, I. K. Penner y C. Steiner, «MS Quality of Life, Depression, and Fatigue Improve after Mindfulness Training», *Neurology* 75, n.º 13 (2010), págs. 1141-1149.
7. Richard Davidson y Sharon Begley, *The Emotional Life of Your Brain: How to Change the Way You Think, Feel and Live* (Hodder: Londres, 2012), pág. 11.
8. *Ibid.*, pág. 205.
9. *Ibid.*, pág. 204.
10. Kabat-Zinn, *Full Catastrophe Living*, págs. xli-xlv.
11. Lucia McBee, *Mindfulness-Based Elder Care: A CAM Model for Frail Elders and Their Caregivers* (Springer: Nueva York, 2008).
12. Kabat-Zinn, *Full Catastrophe Living*, pág. xlix.
13. Darlene Cohen, *Turning Suffering Inside Out: A Zen Approach to Living with Physical and Emotional Pain* (Shambala: Boulder, CO, 2002).
14. «365 Days of Happiness», Daily Good, sin fecha, www.dailygood.org/2010/07/20/365-days-of-happiness/.
15. V. Zindel Segal, Mark Williams y John Teasdale, *Mindfulness-Based Cognitive Therapy for Depression: A New Approach to Preventing Relapse* (Guilford Press: Nueva York, 2001), pág. 149.
16. Charlotte J. Beck, *Everyday Zen* (HarperCollins: San Francisco, 1997), pág. 140.

17. Stephen Levine, *Meetings at the Edge: Dialogues with the Grieving and the Dying, the Healing and the Healed* (Anchor: Nueva York, 1989), pág. 133.

18. «Perlman Makes His Music the Hard Way», *Houston Chronicle*, 10 de febrero de 2001, www.chron.com/life/houston-belief/article/ Perlman-makes-his-music-the-hard-way-2009719.php; «Three Strings and You're Out», Snopes.com, Última actualización: 16 de mayo de 2007, www.snopes.com/music/artists/perlman.asp

19. «If I Had My Life to Live over Again – I'd Pick More Daisies», www. devpsy.org/nonscience/daisies.html. Es probable que también esta historia pertenezca al género de las leyendas urbanas. En cualquier caso, la historia se ha visto reproducida numerosas veces y parece haber servido de inspiración a numerosas personas.

20. Segal, Williams y Teasdale, *Mindfulness-Based Cognitive Therapy for Depression*, pág. 170.

21. Nils Altner, extracto del *Manual for MBSR Course Instructors*, Linda Lehrhaupt y Karin Krudup, eds. (Bedburg: Institute for Mindfulness-Based Approaches, 2016) pág. 75. Este manual no está disponible fuera de nuestro programa de formación.

22. *Ibid.* Puede encontrarse, en alemán, una versión diferente en Nils Altner, *Achtsam mit Kindern Leben: Wie wir uns die Freude am Lernen erhalten; Ein Entdeck-ungsbuch* (Kösel: Munich, 2009), págs. 87-88.

23. Katharina Meinhard, extracto del *Manual for MBSR Course Instructors* (Alemania: Instituto for Mindfulness-Based Approaches, 2009) pág. 108. Este manual no está disponible fuera de nuestro programa de formación.

24. Shinzen Young, «Pure Experience», *Buddhadharma* (primavera de 2007): 38.

25. Richard Lazarus y Susan Folkman, *Stress, Appraisal, and Coping* (Springer: Nueva York, 1984).

26. Los ejercicios de comunicación atenta que utilizamos se basan en las clases del currículo MBSR desarrollado por Jon Kabat-Zinn y el

personal del Center for Mindfulness. Otro de los ejercicios que utilizamos en ocasiones durante la sesión dedicada a la comunicación es el desarrollado por el doctor Edel Maex, instructor belga de MBSR.

27. Ulla Franken, extracto del *Workbook for MBSR Course Participants* (Bedburg: Institute for Mindfulness-Based Approaches, 2016) pág. 43. Este libro no está disponible fuera de nuestro programa de formación.

28. El diario de la comunicación difícil puede encontrarse en Kabat-Zinn, *Full Catastrophe Living*, apéndice, págs. 614-615.

29. Del *MBSR Course Participants Handbook of the Institute for Mindfulness*, eds. Johan Tinge e Ingrid van den Hout (Institute for Mindfulness: Rolde, Holanda, 2016). Este manual no está disponible fuera del programa de formación.

30. Jeanene Swanson, «The Neurological Basis for Digital Adiction», The Fix, 6 de octubre de 2014, www.thefix.com/content/digital-addictions-are-real-addictions

31. *Ibid.*

32. Linda se ha inspirado para utilizar el término *voluntad* en la definición de la palabra *disciplina* llevada a cabo por la maestra zen Charlotte Joko Beck, como «la voluntad de ver repetidamente lo que es».

33. Pema Chödrön, *The Wisdom of No Escape* (Shambala: Boston, 2010), pág. 130.

34. Peter Senge, C. Otto Scharmer, Joseph Jaworski, Betty Sue Flowers, *Presence: Exploring Profound Change in People, Organizations and Society* (Nicholas Brealey Publishing: Londres 2005).

35. Rainer Maria Rilke, *Letters to a Young Poet*, Stephen Mitchell (trad.) (Shambhala: Boston, 1993), págs. 49-50.

Lecturas recomendadas

Debemos advertir de que los libros que figuran en esta lista están pensados principalmente para el público en general. Hemos reducido nuestra lista a aquellos que se centran principalmente en el MBSR, aunque también hemos incluido algunos otros sobre otras intervenciones basadas en el mindfulness.

Bardacke, Nancy. *Mindful Birthing: Training the Mind, Body, and Heart for Childbirth and Beyond*. HarperCollins: San Francisco: 2012.

Bartley, Trish. *Mindfulness-Based Cognitive Therapy for Cancer*. Wiley-Blackwell: Oxford (U.K.), 2012. [*Terapia cognitiva basada en mindfulness para el cáncer: guía práctica*. Editorial Desclée de Brower S.A., Bilbao, 2014].

Bates, Tony. *Coming through Depression*. Gill and Macmillan: Dublín, 2011.

Bauer-Wu, Susan. *Leaves Falling Gently: Living Fully with Serious and Life-Limiting Illness through Mindfulness, Compassion and Connectedness*. New Harbinger: Oakland (CA): 2011.

Bays, Jan Chozen. *How to Train a Wild Elephant and Other Adventures in Mindfulness*. Shambhala: Boston, 2011.

—. *Mindful Eating*. Shambhala: Boston, 2009. [*Comer atentos: guía para redescubrir una relación sana con los alimentos*. Editorial Kairós S.A., Barcelona, 2013].

Biegel, Gina. *The Stress Reduction Workbook for Teens*. New Harbinger: Oakland (CA), 2009.

Bowen, Sarah, Neha Chawla y Alan Marlatt. *Mindfulness-Based Relapse Prevention for Addictive Behaviors*. Guilford: Nueva York, 2010. [*Prevención de recaídas en conductas adictivas basada en mindfulness: guía clínica*. Editorial Desclée de Brower S.A., Bilbao, 2013].

Brach, Tara. *Radical Acceptance: Embracing Your Life with the Heart of a Buddha*. Bantam: Nueva York, 2003. [*Aceptación radical: abrazando tu vida con el corazón de un buda*. Gaia Ediciones, Madrid, 2014].

Brantley, Jeffrey. *Calming Your Anxious Mind: How Mindfulness and Compassion Can Free You from Anxiety, Fear and Panic*. New Harbinger: Oakland (CA), 2003.

Burch, Vidyamala y Danny Penman. *Mindfulness for Health: A Practical Guide to Relieving Pain, Reducing Stress and Restoring Wellbeing*. Piatkus: Londres, 2013.

Carlson, Linda y Michael Speca. *Mindfulness-Based Cancer Recovery: A Step-by-Step MBSR Approach to Help You Cope with Treatment and Reclaim Your Life*. New Harbinger: Oakland (CA), 2011.

Chödrön, Pema. *When Things Fall Apart: Heart Advice for Difficult Times*. Shambhala: Boston, 1997. [*Cuando todo se derrumba: palabras sabias para momentos difíciles*. Gaia Ediciones, Madrid, 2012].

Davidson, Richard, con Sharon Begley. *The Emotional Life of Your Brain: How to Change the Way You Think, Feel and Live*. Hodder: Londres 2012. [*El perfil emocional de tu cerebro: claves para modificar nuestras actitudes y reacciones*. Ediciones Destino, Barcelona, 2012].

Flowers, Steve. *The Mindful Path through Shyness: How Mindfulness and Compassion Can Free You from Social Anxiety, Fear and Avoidance*. New Harbinger: Oakland (CA), 2009. [*Vivir abiertos de corazón: mindfulness y compasión para liberarnos de la desvalorización personal*. Editorial Kairós S.A., Barcelona, 2013].

Gardner-Nix, Jackie. *The Mindfulness Solution to Pain: Step-by-Step Techniques for Chronic Pain Management*. New Harbinger: Oakland (CA), 2009.

Germer, Christopher. *The Mindful Path to Self-Compassion*. Guilford: Nueva York, 2009. [*El poder del mindfulness: libérate de los pensamientos y las emociones autodestructivas*. Ediciones Paidós Ibérica, Barcelona, 2011.]

Hanh, Thich Nhat. *The Miracle of Mindfulness: An Introduction to the Practice of Meditation*. Beacon Press: Boston, 1999. [*El milagro del mindfulness*. Editorial Oniro, Barcelona, 2007].

Hanh, Thich Nhat y Lilian Cheung. *Savor: Mindful Eating, Mindful Life*. HarperCollins: Nueva York, 2010. [*Saborear: mindfulness para vivir y comer bien*. Editorial Oniro, Barcelona, 2011].

Kabat-Zinn, Jon. *Coming to Our Senses: Healing Ourselves and the World through Mindfulness*. Hyperion: Nueva York, 2005. [*La práctica de la atención plena*. Editorial Kairós S.A., Barcelona, 2007].

—. *Full Catastrophe Living: Using the Wisdom of Your Body and Mind to Face Stress, Pain, and Illness*. Edición revisada. Nueva York: Bantam, 2013. [*Vivir con plenitud las crisis: cómo utilizar la sabiduría del cuerpo y de la mente para enfrentarnos al estrés, el dolor y la enfermedad*. Editorial Kairós S.A., Barcelona, 2016].

—. *Wherever You Go, There You Are: Mindfulness Meditation in Everyday Life*. Hyperion: Nueva York, 2005. [*Mindfulness en la vida cotidiana: donde quiera que vayas, ahí estás*. Ediciones Paidós Ibérica, Barcelona, 2009].

Kabat-Zinn, Myla y Jon Kabat-Zinn. *Everyday Blessings: The Inner Work of Mindful Parenting*. Hyperion: Nueva York, 1997. [*Padres conscientes, hijos felices*. Editorial Faro, Madrid, 2012.]

Kaiser-Greenland, Susan. *The Mindful Child: How to Help Your Kids Manage Stress and Become Happier, Kinder and More Compassionate*. Nueva York: Free Press, 2010. [*El niño atento: mindfulness para ayudar a tu hijo a ser más feliz, amable y compasivo*. Editorial Desclée de Brower S.A., Bilbao, 2013].

Koster, Frits y Erik van den Brink. *Mindfulness-Based Compassionate Living: A New Training Programme to Deepen Mindfulness with Heartfulness*. Routledge: Londres, 2015.

Lehrhaupt, Linda. *Tai Chi as a Path of Wisdom*. Shambhala: Boston, 2001.

McBee, Lucia. *Mindfulness-Based Elder Care: A CAM Model for Frail Elders and Their Caregivers*. Springer: Nueva York, 2008.

Neff, Kristen. *Mindful Self-Compassion: Stop Beating Yourself Up and Leave Insecurity Behind*. HarperCollins: San Francisco, 2011.

Rosenbaum, Elana. *Being Well (Even When You're Sick): Mindfulness Practices for People with Cancer and Other Serious Illnesses*. Shambhala: Boston, 2012.

Saltzman, Amy. *A Still Quiet Place: A Mindfulness Program for Teaching Children and Adolescents to Ease Stress and Difficult Emotions*. New Harbinger: Oakland (CA), 2014.

Santorelli, Saki. *Heal Thy Self: Lessons on Mindfulness in Medicine*. Nueva York: Bell Tower, 1999. [*Sánate tú mismo: mindfulness en medicina*. Editorial Kairós S.A., Barcelona, 2017].

Shapiro, Shauna y Linda Carlson. *The Art and Science of Mindfulness: Integrating Mindfulness into Psychology and the Helping Professions*. American Psychological Association: Washington, DC, 2009. [*Arte y ciencia del mindfulness: integrar el mindfulness en la psicología y en las profesiones de ayuda*. Editorial Desclée de Brower S.A., Bilbao, 2014].

Silverton, Sarah. *The Mindfulness Breakthrough: The Revolutionary Approach in Dealing with Stress, Anxiety and Depression*. Watkins: Londres, 2012.

Snel, Eline. *Sitting Still Like a Frog: Mindfulness for Kids Aged Five through Twelve and Their Parents*. Shambhala: Boston, 2013. [*Tranquilos y atentos como una rana: la meditación para niños… con sus padres*. Editorial Kairós S.A., Barcelona, 2013].

Stahl, Bob y Elisha Goldstein. *A Mindfulness-Based Stress Reduction Workbook*. New Harbinger: Oakland (CA), 2010. [*El manual del mindfulness: prácticas diarias del programa de reducción del estrés basado en el mindfulness (MBSR)*. Editorial Kairós S.A., Barcelona, 2016] .

Stahl, Bob, Florence Meleo-Meyer y Lynn Koerbel. *A Mindfulness-Based Stress Reduction Workbook for Anxiety*. New Harbinger: Oakland (CA), 2014.

Teasdale, John, Mark Williams y Zindel V. Segal. *The Mindful Way Workbook: An 8-Week Program to Free Yourself from Depression and Emotional Distress.* Guilford: Nueva York, 2014. [*El camino del mindfulness: un plan de 8 semanas para liberarse de la depresión y el estrés emocional.* Ediciones Paidós Ibérica, Barcelona, 2015.]

Williams, Mark y Danny Penman. *Mindfulness: A Practical Guide to Peace in a Frantic World.* Little, Brown: Londres, 2011. [*Mindfulness: guía práctica para encontrar la paz en un mundo frenético.* Ediciones Paidós Ibérica, Barcelona, 2013].

Williams, Mark, John Teasdale, Zindel V. Segal y Jon Kabat-Zinn. *The Mindful Way through Depression: Freeing Yourself from Chronic Unhappiness.* Guilford: Nueva York, 2007.

Recursos

Investigación

Mindfulness Research Monthly

https://goamra.org/publications/mindfulness-research-monthly
Para un listado actualizado de los enfoques basados en el mindfulness, consultar este valioso recurso. También es posible suscribirse a las actualizaciones periódicas.

Mindfulness-Based Teacher Project

Serie de archivos de audio por Linda Lehrhaupt

En el *Mindfulness-Based Teacher Project*, la doctora Linda Lehrhaupt ha creado un foro en el que compartir sus más de 35 años de experiencia como instructora de los enfoques basados en el mindfulness, en el que aporta su rica y extensa experiencia a través de una serie, tan inspiradora como práctica, de archivos de audio diseñados para apoyar a los instructores en los campos de las intervenciones basadas en el mindfulness, el mindfulness en diversos contextos, el movimiento consciente y las tradiciones contemplativas.

La intención que subyace a esta serie informativa y motivacional es la de explorar los temas que atañen a la vida interna de los instructores, así como ayudarles a profundizar en sus habilidades de enseñanza. Al mismo tiempo, muchas personas que no enseñan mindfulness encontrarán estos audios personal y profesionalmente útiles.

Visite www.mindfulness-based-teacher-project.org, donde pueden descargarse los archivos sin coste alguno. También están disponibles de forma gratuita en iTunes, SoundCloud y Facebook.

Las hermosas ilustraciones que acompañan a cada uno de los archivos de audio han sido creadas por el artista Norbert Wehner.

Encontrar un instructor de MBSR

El número de instructores de MBSR crece de manera constante en todo el mundo. Y el número de países en los que se enseña el MBSR también aumenta rápidamente. Enumeramos a continuación algunos recursos que pueden ayudarte a encontrar un instructor. Aunque la lista no es exhaustiva, esperamos que sirva para empezar.

También puedes hacer una búsqueda en internet en tu propio país, escribiendo las siglas «MBSR» seguidas por la ubicación geográfica en la que estás interesado en encontrar un instructor.

Nota: Proporcionamos la siguiente información sobre instructores e instituciones vinculadas al MBSR a modo de servicio, pero, al hacerlo, no estamos aprobando o recomendando específicamente a ninguno de estos instructores u organizaciones. Comprueba por ti mismo las cualificaciones docentes y las ofertas para ver si son adecuadas para ti.

Instructores de MBSR formados en el Institute for Mindfulness-Based Approaches

En las páginas web de la versión inglesa y alemana del Institute for Mindfulness-Based Approaches encontraremos un listado de instructores formados en el IMA, procedentes de por lo menos 16 países europeos, que han sido formados por el IMA y que ofrecen cursos de MBSR. Visita la página web del IMA de vez en cuando para obtener listas actualizadas, debido a que continuamente se agregan a la lista nuevos países y profesores.

Página web en inglés: www.institute-for-mindfulness.org/mbsr/Find-an-MBSR-teacher-near-to-you

Página web en alemán: www.institut-fuer-achtsamkeit.de/mbsr/mbsr-lehrende-finden

Norteamérica

Estados Unidos

La siguiente es una pequeña lista de instituciones y personas que ofrecen cursos de MBSR o diferentes iniciativas para formar instructores. Por supuesto, en los Estados Unidos existen muchas más oportunidades disponibles para aprender MBSR que las aquí enumeradas. Para localizarlas, debes buscar en internet en tu zona.

Center for Mindfulness in Medicine, Health, and Society, Facultad de Medicina de la Universidad de Massachusetts, Worcester, MA:

www.umassmed.edu/cfm

Fundado por Jon Kabat-Zinn, el centro es pionero en el desarrollo y la enseñanza del MBSR. También forma instructores de MBSR en todo el mundo y es un referente y un modelo de calidad e integridad en la enseñanza de los enfoques basados en el mindfulness.

Instructores certificados por el CFM en Estados Unidos (y el resto del mundo).

El CFM ha creado un registro de instructores certificados. Consúltese www.umassmed.edu/CFMInstructorSearch/app/#/index/search

Medicina Integrativa de la Universidad de Duke, en Durham (NC):
www.dukeintegrativemedicine.org/classes-workshops-and-education/mindfulness-based-stress-reduction

InsightLA:
www.insightla.org/mbsr/

Mindfulness Meditation New York Collaborative:
www.mindfulnessmeditationnyc.com/

Mindfulness Northwest, Pacific Northwest:
www.mindfulnessnorthwest.com/

Consciencia y entrenamiento en relajación, Condados de Santa Clara y Santa Cruz (CA):
www.mindfulnessprograms.com

Mindfulness Institute del Jefferson-Myrna Brind Center, Filadelfia:
http://hospitals.jefferson.edu/departments-and-services/mindfulness-institute/

Osher Center de Medicina Integrativa, San Francisco:
www.osher.ucsf.edu/classes-and-lectures/meditation-and-mindfulness/mindfulness-based-stress-reduction

Center for Mindfulness, California University, San Diego:
   https://health.ucsd.edu/specialties/mindfulness/programs/
mbsr/

CANADÁ

Existen muchas ofertas de MBSR en Canadá. Aquí están algunas de las que conocemos. Lleva a cabo una búsqueda en internet para encontrar más ofertas cercanas.

MBSR en la Columbia Británica:
   www.mbsrbc.ca

Canadian Mental Health Association, Winnipeg:
   http://mbwpg.cmha.ca/programs-services/courses/mindfulness-based-stress-reduction/

Center for Mindfulness Studies, Toronto:
   El centro ofrece MBCT y otros enfoques e intervenciones basadas en el mindfulness.
   www.mindfulnessstudies.com/about/faculty

MBSR Ottawa:
   http://mbsrottawa.com/

Meditation for Health, Toronto:
   www.meditationforhealth.com

Mindfulness Everyday, Toronto:
www.mindfulnesseveryday.org

Mindfulness Institute.ca., Edmonton:
www.mindfulnessinstitute.ca

Compassion Proyect, Winnipeg, Manitoba:
www.chcm-ccsm.ca/compassion-project

Europa

EUROPEAN NETWORK OF ASSOCIATIONS OF MINDFULNESS-BASED APPROACHES (EAMBA)

Esta organización europea coordina las asociaciones de instructores de MBSR y fue creada para facilitar el diálogo y la colaboración entre instituciones y organismos representativos de instructores de MBSR y MBCT en toda Europa.

En la página web de la EAMBA, encontraremos una lista de las organizaciones que la integran en diferentes países europeos. Las páginas web de estos grupos nacionales a menudo contienen listas de instructores en cada país específico.

Véase http://eamba.net

Asociaciones de instructores MBSR o posibilidades
de cursos agrupadas por país.

La siguiente lista contiene información que permite encontrar un instructor de MBSR fuera de los Estados Unidos y Canadá. Se incluyen en ella las asociaciones nacionales de instructores de MBSR, muchas de las cuales ofrecen listas de instructores de MBSR en sus respectivos países.

En algunos casos hemos enumerado los instructores que se han formado con el Institute for Mindfulness-Based Approaches o el Center for Mindfulness in Medicine, Health Care, and Society. En otros casos, hemos incluido a los instructores con los que estamos familiarizados, o que han trabajado con nosotros. Algunos de ellos enseñan en países que carecen de este tipo de asociaciones, mientras que otros son miembros de las asociaciones citadas, si bien queremos enumerarlos individualmente.

Ciertamente hay otros instructores u organizaciones que no conocemos, y por eso te animamos a hacer una búsqueda personal en internet.

Alemania	www.mbsr-verband.de
	www.institute-for-mindfulness.org/mbsr/Find-an-teacher-MBSR-near-you
Argentina	www.mindfulness-health.org
Australia	www.mtia.org.au,
	www.openground.com.au,
	www.alisonkeane.com.au/
	www.simplymindful.com.au/
	www.mindfulnesstnsa.com

Austria	www.institut-fuer-a-achtsamkeit.de/mbsr/mbsr-lehrendende-finden
	www.mbsr-verband.at
	www.mbsr-mbct.at
Bélgica	www.mindfulmoment.be
	www.aandacht.be,
	www.levenindemaalstroom.be
China	kevin.fong.gt@gmail.com
Corea	www.mbsrkorea.net
Dinamarca	www.mindfulness.au.dk
	www.mindfulness-mbsr.dk/
Eslovaquia	andrej.jelenik@gmail.com
Eslovenia	www.dr-gross-online.info
España	www.esmindfulness.com
	www.nirakara.org
	www.mbsr-instructores.org
Finlandia	www.mindfulness.fi
Francia	www.association-mindfulness.org,
	www.euthymia.fr
	www.mind-ki.eu
Grecia	www.mindfulness360.net
Holanda	www.vmbn.nl
	www.instituutvoormindfulness.nl
	www.fritskoster.nl
	www.ingridvandenhout.nl
	www.stillmotion-osteopathie.nl
	www.aandachttrainingnijmegen.nl
	www.livingmindfulness.nl
	www.presentmind.nl
	http://aandachtvoordekern.nl
Hong Kong	s.helen.ma@hkcfm.hk
	www.petamcauley.com
	junechiul@yahoo.com.hk

	www.mindfulness.hk
Hungría	www.mbsr.hu
Irlanda	www.institute-for-mindfulness.org/mbsr/Find-an-MBSR-near-you
	www.themindfulspace.ie
	www.sanctuary.ie
	www.mindfulness.ie
	www.cfmi.ie
	www.ucd.ie
Irlanda del Norte	www.kridyom.uk
Israel	www.mbsrisrael.org
	www.mindfulness.co.il
Italia	www.mindfulnessitalia.it
	www.meditare.org
	www.alexandra.hupp@eui.eu
Lituania	julius.neverauskas@neuromedicina.lt
	www.psichoterapija.info
	giedre.zalyte@gmail.com
Luxemburgo	www.organisationen-beraten.net
	www.einfach-hier-und-jetz.de
	www.mbsr-trier.de
México	www.mindfulness.org.mx
Mónaco	kenya1955@hotmail.com
Noruega	www.institute-for-indfulness.org/mbsr/Find-a-teacher-MBSR-near-you
	www.nfon.no
	www.ntnu.edu/studies/mbsr-mbct-teacher-training
Nueva Zelanda	www.mentalhealth.org.nz/home/our-work/page/category/mindfulness
	www.wholistichealthworks.co.nz
	www.mindfulpsychology.co.nz
Perú	www.concienciaplenaperu.com

Polonia	www.institute-for-mindfulness.org/mbsr/Find-an-MBSR-teacher-near-you
	www.polski-instytut-mindfulness.pl
Reino Unido	www.institute-for-mindfulness.org/mbsr/Find-an-MBSR-teacher-MBSR-near-you
	www.mindfulnessteachersuk.org.uk,
	www.bangor.ac.uk/mindfulness
República Checa	www.lessstress.cz
	www.mbsr.cz
	www.praveted.info/MBSR
Sudáfrica	www.mindfulness.org.za
Suecia	www.mindfulnesscenter.se
	www.cfms.se
Suiza	www.mbsr-verband.ch
	www.institute-for-mindfulness.org/mbsr/Find-an-MBSR-near-you
	www.centerformindfulness.ch
Taiwán	www.mindfulness.org.tw
	www.mindfulnesscenter.tw
	www.mbha.org.tw
Turquía	http://zumraatalay.com
	yardimci.beril.@gmail.com

Índice

Institute for Mindfulness-Based Approaches

Fundado por Linda Lehrhaupt, doctora en Filosofía, en el año 2001, el Institute for Mindfulness-Based Approaches es el centro más antiguo de formación de su clase en el continente europeo. Desde su fundación, ha crecido hasta convertirse en uno de los mayores institutos de enseñanza de los enfoques basados en el mindfulness en Europa. Más de 200 profesionales han participado en sus 18 largos meses del programa MBSR de capacitación para instructores. Los graduados de este y otros programas que ofrece enseñan en la actualidad en una amplia variedad de entornos clínicos, de salud mental, práctica privada, terapéutica, educacional, de rehabilitación e instituciones sociales.

En la actualidad, el IMA ofrece, en ocho países europeos, un programa de entrenamiento para instructores en Reducción del Estrés Basado en el Mindfulness (MBSR), Terapia Cognitiva Basada en el Mindfulness (MBCT) y Viviendo con Mindfulness y Compasión (MBCL). En Noruega ofrece un curso de formación de instructores MBCT-MBSR en cooperación con la Universidad Nacional de Ciencia y Tecnología. La facultad del IMA se encuentra entre las más experimentadas de Europa. Varios de los miembros de la facultad están en la actualidad realizando investigaciones en diversos contextos, así como publicando en sus respectivos campos.

El IMA también lleva a cabo innovadores programas de formación continua para los instructores de los enfoques basados en el mindfulness. Estos programas incluyen tutorías para instructores en MBCT, MBSR y MBCL (siglas inglesas de Mindfulness-Based Compassionate Living), así como orientación en la meditación mindfulness para diferentes profesionales que trabajan con las intervenciones basadas en el mindfulness. La facultad del IMA y los instructores invitados ofrecen retiros de meditación mindfulness para apoyar la práctica personal de los docentes y los participantes en sus programas de formación.

El IMA está comprometido en promover la formación de docentes de alta calidad y se atiene estrictamente a los estándares de formación y la política ética preconizados por la Asociación Nacional de Instructores de MBCT-MBSR, en Alemania, las directrices del Mindfulness Teachers Network del Reino Unido, así como las directrices publicadas en la página web del Center for Mindfulness in Medicine, Health Care, and Society. La doctora Lehrhaupt, directora ejecutiva del IMA, participa en varios comités internacionales para apoyar la integridad de los estándares de los cursos y las competencias de los instructores de MBSR y MBCT.

www.institute-for-mindfulness.org (inglés)
www.institut-fuer-achtsamkeit.de (alemán)

Instituto de Mindfulness del Ruhr

El Instituto de Mindfulness del Ruhr es un instituto para la formación de los enfoques basados en el mindfulness que fue creado en el año 2016 por Petra y Jörg Meibert y el doctor Johannes Michalak. Basándose en su larga experiencia como profesores, investigadores, terapeutas y formadores de instructores en MBCT y MBSR, los fundadores están comprometidos con los más altos estándares en la capacitación de instructores y la difusión de los métodos basados en el mindfulness. El instituto ofrece apoyo personal durante la formación, instructores calificados con profundas raíces en la práctica del mindfulness y un fundamento científico. Asimismo, trabaja con distinguidos socios colaboradores.

El instituto ofrece programas de formación para instructores en MBSR y MBCT y MBPM (siglas en inglés de Mindfulness-Based Pain Management – Breathworks Method). También lleva a cabo programas de educación continua para instructores de MBSR y MBCT, así como entrenamiento en mindfulness de un año de duración para personas que trabajan en profesiones terapéuticas y educativas y cursos de ocho semanas de MBSR y MBCT.

www.achtsamkeitsinstitut-ruhr.de (en alemán)

Acerca de las autoras

Linda Lehrhaupt es fundadora y directora ejecutiva del Institute for Mindfulness-Based Approaches y una de las instructoras europeas con más experiencia en el MBSR. Con casi 35 años de experiencia como instructora y supervisora de los enfoques basados en el mindfulness, atesora una rica experiencia en su integración en la educación, la salud y el desarrollo personal. Empezó a enseñar el MBSR en el año 1993 y está certificada para su enseñanza por el Center for Mindfulness in Medicine, Health, and Society de la Facultad de Medicina de la Universidad de Massachusetts. Es licenciada en Pedagogía y tiene un doctorado en estudios sobre el rendimiento, con una especialidad en tradiciones y rituales religiosos. Es miembro fundadora, en Alemania, de la Asociación Nacional de Instructores de MBCT-MBSR y de la European Network of Associations of Mindfulness-Based Approaches (EAMBA).

La doctora Lehrhaupt ha practicado meditación Zen desde 1979 y es maestra en el linaje de la Ciruela Blanca, fundado por *roshi* Taizan Maezumi. Recibió la transmisión del Dharma de parte de *sensei* Al Fusho Rapaport, fundador de Open Mind

Zen, y también estudió Zen durante muchos años con *roshi* Dennis Genpo Merzel y *sensei* Nico Tydeman. Asimismo, es una de las maestras de la Zen Sangha Heart, un grupo europeo de practicantes del Zen, y ha dirigido retiros de meditación Zen y de mindfulness durante muchos años.

En 1976 se enamoró del taichí y del chi kung e inició su formación con algunos de los principales representantes de la primera generación de maestros asiáticos en Occidente. Durante más de 20 años, a partir de 1982, ha dirigido innovadores programas de formación de instructores de taichí y meditación en movimiento y también ha desarrollado, en Europa, el primer programa de formación en chi kung y salud femenina.

La doctora Lehrhaupt es creadora de la serie de audios *Mindfulness-Based Teacher Project*, en los que proporciona inspiración, apoyo y conocimientos técnicos a los instructores de los enfoques basados en el mindfulness (www.mindfulness-based-teacher-project.org).

Asimismo, es autora de libros como *Riding the Waves of Life: Mindfulness and Inner Balance* (en alemán, 2012) y *Tai Chi as a Path of Wisdom* (en inglés, 2001); también es coautora of *MBSR: Reducing Stress through Mindfulness* (en alemán, 2010).

Aunque la doctora Lehrhaupt es estadounidense, ha vivido con su familia en Alemania desde el año 1983. Ella también pasa parte del año en la Dordoña, en el sudoeste de Francia, y visita regularmente los Estados Unidos.

Contacto: LindaLehrhauptaol.com
info@Institute-for-mindfulness.org
www.institute-for-mindfulness.org
www.institut-fuer-achtsamkeit.de

Petra Meibert es psicóloga y una de las principales expertas, en Alemania, en MBCT, MBSR (terapia cognitiva basada en el mindfulness) y las aplicaciones del mindfulness en la medicina y psicoterapia. Es cofundadora y codirectora del Achtsamkeitsinstitut Ruhr, un instituto alemán de intervenciones basadas en el mindfulness, donde desarrolla programas de formación para instructores en MBCT y MBSR. Completó su formación como instructora en el Institute for Mindfulness-Based Approaches y prosiguió su educación y supervisión en el Center for Mindfulness in Medicine, Health, and Society en la Facultad de Medicina de la Universidad de Massachusetts. Desde el año 2005, ha enseñado tanto en Alemania como internacionalmente, en especial programas de capacitación para formadores en MBSR y MBCT.

Desde el año 1990 ha integrado los métodos humanistas psicoterapéuticos centrados en el cuerpo en su trabajo con los clientes. Comenzó a enseñar MBSR en 2003 y, poco después, MBCT. También es, desde el año 2005, vicepresidenta de la junta directiva de la Asociación Nacional de Instructores de MBCT-MBSR, en Alemania, y participa en el desarrollo de la European Network of Associations of Mindfulness-Based Approaches (EAMBA).

Ha colaborado en proyectos de investigación sobre el MBCT en la Universidad del Ruhr, Bochum, Alemania, en relación con la recaída en la depresión, y trabajó en la Universidad de Zürich, Suiza, en un proyecto de investigación sobre el tema de la confianza, en el que desarrolló un cuestionario para la evaluación de la confianza básica.

Petra Meibert estudió psicología y filosofía budista durante varios años con el maestro budista tibetano Tarab Tulku Rinpoché y ha practicado meditación mindfulness, *vipassana* y *dzogchen* desde 1988.

Es autora de un libro en alemán sobre el MBCT, *Finding a Way to Free Yourself from Rumination: Mindfulness Training for People Suffering from Depression, Anxiety and Negative Inner Monologues* (Kösel, 2014); y *Mindfulness-Based Therapy and Stress Reduction MBCT/MBSR: Ways in Psychotherapy* (Reinhardt Verlag, 2016). Asimismo, es coautora (con Ulrike Anderessen-Reuster y Sabine Meck) of *Psychotherapy and Buddhist Mind Training* (en alemán; Schattauer, 2013). Ha escrito diferentes artículos sobre MBSR, MBCT y mindfulness en diversos libros y revistas científicas, incluyendo el *Journal of Nervous and Mental Disease*.

Contacto: j.p.meibert@t-online.de
www.achtsamkeitsinstitut-ruhr.de.

editorial **K**airós

Puede recibir información sobre nuestros
libros y colecciones o hacer comentarios
acerca de nuestras temáticas en

www.editorialkairos.com

**Numancia, 117-121 • 08029 Barcelona • España
tel +34 934 949 490 • info@editorialkairos.com**